思春期の性

いま、何を、どう伝えるか

岩室紳也＝著

大修館書店

■はじめに　――世界に広がるコミュニケーション能力の低下――

私は泌尿器科医として、子どもたちの性の問題に臨床の現場で関わったり、あるいは学校に出向いてエイズ教育、性教育をしたりしています。私が十数年前に性教育を始めた当初は、多くの子どもたちが体のことで悩んだり、様々な性のトラブルに巻き込まれていったりする経験、さらには思春期の電話相談に寄せられる内容に対して、おもに科学的な事実をどうきちんと伝えていくかということに重きを置いていました。それはそれで当時としては大切なことであったと思いますし、いまでも、その姿勢を基本としています。

ましてや、インターネットに性情報が氾濫し、男の子の性衝動を煽《あお》るだけではなく、レディースコミックをはじめ、女の子向けのマスコミにも性を煽るような情報が次から次へと出てくるなかで、科学的な事実を正確に伝えることは、ますます不可欠になっています。

しかし最近では、科学的な事実を伝えるだけでは必ずしも十分とは言えない状況になっているのではないか、と思うようになりました。とはいうものの、その足りないものが何であるかは、自分のなかでもいま一つ整理できておらず、言葉で説明できるまでには到りませんでした。

この言語化できなかった問題を私に明瞭に示してくれたのが、２００２年に京都で行われた日本公衆衛生学会での、ＷＨＯ西太平洋地域事務局長の尾身茂先生の特別講演でした。大学の先輩でもある尾身先生は、専門分野である感染症、ＡＩＤＳ《エイズ》、ＳＡＲＳ《サーズ》、ポリオ、鳥インフルエンザ、結核といった話をされるのだろうと思いながら聴いていると、「いま一番の課題は、人と人との関係性の喪失である。最優先の目標としなければならないことは、人と人との関係性の再構築である。そのために、コミュニケーション能力の再開発を急がなければならない」ということをおっしゃったのです。

この言葉を聞いたときに、自分がうまく整理できていなかったこと、言語化できていなかった問題がわかり、まさしく「これだ」という気がしました。それからあらためて、いま性の教育に何が求められているのか、思春期の性を支える環境として、いま何を、どう伝えるべきなのかを考えるようになり、それを本にまとめたいという思いが強くなってきました。

私が１９９６年に出した『エイズ――いま、何を、どう伝えるか――』（大修館書店）では、エイズの科学的知識、正確な情報をどう伝えるべきかということを基本にしていますが、本書では、思春期の性について、たんに性の問題にとどまらず、いまの日本の若者が直面している、否、日本の若者だけでなく世界中の若者、あるいは日本中、世界中の人々が直面している「コミュニケーション能力の低下」という問題にスポットを当てつつ、人と人との関係性を再構築するために、性をどうとらえるべきか、性をどう伝えればよいのか、性をどう教えればよいのか、それについて私はどう考えているか――、ということを紹介したいと思っています。

大人たちは様々な経験のなかから多くのことを学んでいますが、学んだ結果だけを伝えようとするため、若者たちにはそれが偉そうな説教やスローガンに聞こえ、聞く耳を持ってもらえないことが少なくないと思います。

私は今まで多くの若者たちに話をしてきたなかから、自分自身と、自分自身の経験を語ることの大切さに気づかせてもらいました。

そのため本書では、私がいま実際に若者たちに話している内容をできるだけそのまま伝えるとともに、自分自身が実際に体験してきたことや、関わってきた多くの患者さんや相談者とのことなどを具体的な事例として述べています。また、私自身が他の人から学んだことも、誰にどのように学んだのか――そのプロセスを含めて書いています。

なお、私自身がどのように伝えると若者たちが真剣に耳を傾けてくれるかを紹介するため、『エイズ―いま、何を、どう伝えるか―』と一部重複する内容も含まれていますが、何卒お許しください。

岩室　紳也

思春期の性――いま、何をどう伝えるか　■もくじ

Ⅳ章　性の教育で育む「生きる力」

Ⅰ章　思春期の性とコミュニケーション

1・関係性が築けない若者たち

●「聴く力」が落ちている

関係性を築くのに、何より基本となるのがコミュニケーションです。このことは、どなたにも理解してもらえると思います。そしてコミュニケーションの基本的な形の一つが会話。人に会って何かを話し、相手の話を聴くことです。ところがいま、人に話すことが苦手な人が増えただけではなく、「聴く力」も弱くなってはいないでしょうか。

現在では、テレビ、ラジオをはじめとして、いろいろなメディアからいろいろな情報が耳に入ってきますが、「ながら族」だった私自身の経験ではほとんどの情報を聞き流していたように思います。音楽にしても、メロディを聞き、リズムを感じて、歌詞を聞いてはいても、少なくとも私は心から聴いて、感動していたとは言えませんでした。

こんな私に、「聞く」と「聴く」をきちんと分けて考える必要があると教えてくれたのは、大学の後輩で公衆衛生を専門にしている藤内修二先生でした。

「『聴く』というのは十四歳の心で聞くこと」と言った彼の言葉が今でも忘れられません。

その言葉は、性をめぐって起きている様々な問題の根底にはコミュニケーションの薄弱さがあり、それは他人の話を「聴く」ことができない、すなわち「聴く力」というものが非常に衰えてきているところに原因がある、と感じていた私の思いにピタッとはまるものでした。

他人の話がうまく自分のなかに受け止められないときには、相手にそれを問いかけながら、自分のなかに落とし込んでいくという作業が必要なのですが、いまの若者たちにそれができているでしょうか。

では、聴く力がどうして落ちてきたのかと考えると、私は、若者たちが聴きたい話をあまり聞いたことがないからではないかと思っています。また、自分が話すことを心をこめて聴いてくれる人がいないからではないでしょうか。携帯メールでのやり取りでは「聴く」という経験は得られません。

私は幸いにも多くの人に話を聴いてもらい、多くの人の話を聴かせてもらいましたが、そのような経験ができたのは、その人たちとそれなりにいい関係性を構築できていたからだと思います。

皆さんは、自分の話を聴いてもらう喜び、あるいは他人の話を聴く喜びを知っている、と言えますか。もし言えるとしたら、どうしてそのような関係性をその人たちと構築できたのでしょうか。

●体験を通して感動の共有を

では、自分の場合はどうであったかと振り返ってみると、私が初めて人の話を聞いて感動を覚えたのは、皆さんもよくご存知の元ＮＨＫの松平定知アナウンサーの講演でした。その一つひとつの言葉を「そうだよね。そうだよね。あ、なるほど」という感動とともに受け止め、そのリズム感の心地よさで、２時間の講演の間、私はまったく飽きることがありませんでした。

こうして、松平さんに聴かせる技術、聴く感動というものを経験させてもらったとき、さて、自分の話はどれだけ人に聴く喜びを与えているのだろうか、と考え込んでしまいました。よいコミュニケーションが成立する基本は、聞く人に「聴く喜び」を与えることでしょう。そして、そのためには聞く人が感動を覚えることが前提になります。

感動には、話し方や伝え方もあるのでしょうが、やはり伝えようとしている中身が重要です。松平さんの話は、いわゆる話術というテクニックの大切さも教えてくれましたが、随所に出てくる個人の体験、人としての生《なま》の体験が他人に感動を与えるのだということを実感させられました。

以前出した『エイズ――いま、何を、どう伝えるか――』という本がきっかけとなって、私は全国でいろいろな方に向けて思春期の性やエイズの話をさせていただきましたが、私の話が少しずつブラッシュアップされていくなかで、最後に残ったのは何かというと、岩室紳也自身の失敗談であったり、患者さんの経験であったりしました。結局、人の行動の結果を聴きやすくプレゼンテーションしているだけなのかなという気がしています。ですから、この本のなかでも、いろいろな人たちの経験、私自身の体験を紹介することにします。

●コミュニケーションは挨拶から

コミュニケーションの基本と言えば挨拶だと思いますが、いま挨拶のできない人が増えている、と感じている人はかなり多いのではないでしょうか。

でも、自分に当てはめて考えてみてください。朝起きたときに、皆さんは家族と「おはよう」という挨拶をしていますか。帰宅したときに「ただいま」と言っていますか。さすがに家族との挨拶は当たり前のようにしている人が多いかもしれません。しかし、そう言えばしていないと思った人は要反省です。

では、地域のなかで挨拶を交わす人はどれだけいますか。もちろん顔見知りの人と会ったときには「こんにちは」と挨拶をしているでしょうが、そうした相手がどんどん減ってきたと感じている人は多いのではないでしょうか。

「おはよう」の挨拶をしない人が増えていることを私に教えてくれたのは、ある患者さんでした。ところが、そのことの重大性に私自身が気づき、こうして人に話すようになるまでには、何年もの時間と様々な経験が必要でした。

あるカップルが「子どもができない」といって私の外来を受診しました。男性不妊症かなと思って問診を進めていくと、セックスができないためのセックスレスであることがわかりました。非常に特殊なことだと思われるかもしれませんが、決してそんなことはありません。

その夫婦は、美男美女で高学歴。家は持ち家と経済的にもまったく問題がない。マイカーも持っているし、猫は血統書付き……。ただ、子どもができないことだけが彼らの問題でした。

ところが驚いたことに、カウンセリングをしていくなかで、というかカウンセリングをしようと思っても、カウンセリングどころか、私とのコミュニケーションもなかなかとれませんでした。

私はある時ふと、彼らにこう聞きました。「ふたりは朝起きたときに、『おはよう』と互いに声をかけてるの？」

返ってきた答えは、「えっ、どうしてですか。二人しかいないし、お互い顔をみれば、起きているか起きていないか、わかるじゃないですか」というものでした。

今度は私が「えっ」と思いました。

では、自分は朝起きたときに、どうして家内と「おはよう」と声をかけ合うのだろうか。そこに理屈はありません。「お互い元気であることを確認し合いましょう」なんてことを考えながら声をかけているわけではありません。長い間の生活習慣です。その結果、そこには快適さ、心地よさというものが生まれています。それどころか、わが家では、同居人であるペットの猫にさえ「おはよう」と言っています。もちろん猫も長く一緒に暮らしていると「おはよう」と返事をします（真偽の程は私のホームページでご確認ください）。

「変だ」と思いつつも、そこで話題を途切れさせないように、「じゃあ、帰ったときに、『ただいま』と言いますか」と聞きました。

「いや、どうして言うんですか。だって、帰ってくるのは自分しかいないし、クルマで帰ってくれば音でわかるじゃないですか。」

すぐには応答ができませんでした。二人だから返事をしなくてもいい。理屈はそうかもしれません。でも挨拶は理屈ではありません。「ただいま」という声に「なんとなく疲れていそうだな」とか、「お帰りなさい」に「どこか気持ちが盛り上がっていないな」と感じるわけです。また、「お帰りなさい。今日はこんなことがあったのよ」と感動を伝えたりして、会話のきっかけとなるのです。

そうした挨拶を彼らは求めていないということに気づきました。このことは、この夫婦だけの問題ではなくて、いまの多くの若者たちに共通してはいないでしょうか。

●暴走族は流行らない

いまの若者がよく使う言葉に、「別に」「ビミョー」「うるせえ」「ウザい」「キモい」というのがありますが、そもそも言いたいことがないから「別に」なのであって、他人に伝えたい感動がないのではないでしょうか。あるいは、うまく自分の言いたいことがまとめられないから「ビミョー」という言葉で逃げてしまうのではないでしょうか。「うるせえ」「わかんない」というのも、相手が言っていることを理解しようとしてもうまく理解できないから、つい反発してしまうのではないでしょうか。また、相手との距離のとり方がわからないから「ウザい」と言ってしまうのではないでしょうか。

私が講演でマイクを向けてコミュニケーションを図ろうとしたとき、その相手が「近い、近い」と言うのも、距離の問題だけでなくコミュニケーションのとり方がわからないため、「近寄らないで。だってどう話したらいいのかわかんなーい」ということではないのかと思えます。

そういう状況のなかで気になった新聞記事がありました。「暴走族は流行《はや》らない」という見出しの記事（読売新聞、２００５年1月27日付）で、以前に比べて暴走族の数が減っているという内容です。なぜ暴走族がいまどきの若者の気質に合わないのかということについて、警察庁が「上下関係の厳しい組織に嫌気を感じて離脱する者も多い」という指摘をしていました。

携帯電話で参加者を募集する自由参加型暴走族のリーダーらは「昔の暴走族は厳しいしばりがあって嫌だ。走りたいときに走りたい」などと話しているそうです（毎日新聞、２００６年10月13日付）。

確かに、他人に関われればそこにいろいろなストレスが生じ、そのストレスをうまく自分のなかでコントロールしていかなければなりません。しかし、そのストレスを乗り越えれば連帯感、喜び、感動といった経験が得られます。暴走族が流行らないのは、いまの若者にそうした経験が乏しいからでしょうし、それは関係性の構築に欠かせない「他人と関わる」「他人とコミュニケーションをとる」という基本的な課題から、いまの若者たちは逃げてしまっている、というか大人たちが若者たちにそのような経験をさせないようにしているからではないかと感じています。

●「自己肯定感」もコミュニケーションから

最近、学校現場で「自己肯定感を高める」ということがよく言われています。そうは言うものの、若者たちの現状をみると、「勉強しろ」「宿題やったか」「塾に行ってこい」「早く起きろ」と、ほとんど叱られてばかりいます。叱ることが悪いわけではありませんが、叱られてばかりでは自己肯定感が高まるはずもありません。

みなさんの自己肯定感はいかがですか。自己肯定感が持てたとすると、それはどのような機会だったでしょうか。私自身、あまり自己肯定感という言葉で考えたことはないのですが、誰かに褒められたり、認められたり、感謝されたりしたときに感じていたように思います。

褒められていない。認められていない、感謝されたことがない子どもたちが自己肯定感を持てるはずもありません。大人たちに関心を持ってもらえないという関係性のなかで育った子どもたちに自己肯定感が育つはずがありません。

と言っても、私自身、子どもたちと関わるなかで、子どもたちを褒めるとか、子どもたちに感謝していたかというと、じつはあまりしていませんでした。少なくとも「関係性」や「コミュニケーション」について考えるようになるまではそうでしたので、偉そうなことは言えません。

●「恥を生む関係性」もなくなって

私は誰からともなく「プライド」を持って生きることや、「恥」ということを学んで育ってきました。「男はプライドの生き物だよね」と家内に言われたときに、「確かにそうだ」と再認識しました。プライドと思うことは人それぞれでしょうが、たとえば人として恥ずかしくない生き方であったり、社会的ステータスであったり、何であれ、他人と比べたときに自分のプライドが傷つかないように頑張っていこうと思う場面が少なくなかったと思います。

またプライドとは逆に、「そんなことをやって恥ずかしくないの」「あなたは恥ずかしいと思わないの」と、大人は私によく言いました。「あなたは」と「思わないの」の間に、「周囲にいる人があなたの行動に対してどのような評価を下すか気にならないの。みっともないことをしたのだよ。同じ年頃の人と比べて劣っている、思慮が足らない人だと評価が下される、恥ずかしいことなのだよ」ということが含まれています。

プライドは自分中心で保たれる場合があるでしょうが、恥を生む関係性というのは、自分にとって比べる他人がそこに存在する、その他人を感じられる関係性があるということが前提となります。他人との関係性を喪失している若者たちは、誰かと比べて恥ずかしいという関係性自体がないように思います。もし比べる対象があるとすれば、それは自分のなかの理想像であって、実存する関係性のなかで恥を感じるということは少なくなっているように思います。

この恥の概念は、ある意味、ストレスを生む一方で、恥を何とか克服したいという次のステップへのエネルギーにもなります。恥を感じられない人は、性だけではなく、体や心の健康づくりといった様々な分野でも、他人との関係性のなかから学ぶことができないということではないでしょうか。

●「自分病」の蔓延

最近増えていると言われている「自分病」の子どもたちは、他人と比べてどうこうではなく、自分で決めた基準で「恥」を規定しているようです。そのため、「そんなことで悩むことはないんじゃない」、「誰だって同じような経験をしているよ」といったアドバイスを受け入れることができません。

彼女、彼氏がいない自分が恥ずかしい

100点取れないから学校に行かない、行けない

その一方で、自分の問題を自分で解決する能力がなく、リストカットで自分の危うさを確認したり、自分は辛いという証拠づくりのために自傷行為を繰り返したりして、自分の行為

を正当化します。

人は他人と比べて「恥ずかしい」と思うことがある反面、他人と比べて「幸せ」を感じたり、「優越感」を感じたりすることで生きていけます。「人と人との間に生きているからこそ人間」とはうまく言ったものですが、自分だけで、一人だけで生きていく「自分病」はまさしく人間放棄、人と人との間に生きる存在ではなくなっています。そして、周りの人との関係性を築けない、関係性が上手につくれないということは、自分だけではなく、相手も大切にできないということにつながっていきます。

『広辞苑』には「人生」を「人が此の世で生きること」、「人間」を「人の住む所。世の中。人。人物」と説明していますが、「人生」を「人と生きること」、「人間」を「人と人の間に生きる存在」と解釈すると、関係性こそが人を生かしてくれる大切なことだと気づけますし、周りの人を大切にできるようになるのだと思います。

2・若者の性とコミュニケーションの実態

ここで、いまどきの若者のコミュニケーションの実態についてみていきます。

そもそも若者にとってのコミュニケーションの手段は、何なのでしょうか。携帯電話はコミュニケーションの手段です。会話も当然そうでしょう。じつはセックスも彼らにとってコミュニケーションの手段の一つなのです。コミュニケーションの基本は、「相手を感じられること」「相手との距離感が埋まること」です。コミュニケーションが成り立つには、これが一番のポイントだと思います。

●会話よりカラオケ

では、いまの若者のコミュニケーション能力はどうでしょうか。

たとえば、会話の能力はどうでしょう。徹夜でいろんなおしゃべりをしていたという経験をいまの子どもたちは持っているでしょうか。ほとんどないと思います。いまの中学生、高校生が友だちと「じゃあ遊びに行こうか」と言って行くところは、カラオケです。

私は、飲み会の後の二次会でカラオケに行くのを極力避けています。なぜかというと、せっかく何人もの、それも二次会まで長く一緒にいましょう、お酒を飲みましょうという仲間がいるなかで、聴きたい人の聴きたい歌であればともかく、コミュニケーションとは言えない、他人の歌をどうして聞かなければならないのか。歌もたまにはいいかもしれませんが、せっかく相手と話すことが自分の糧になったり感動になったりする機会があるのに、どうしてそういうことから遠ざかってしまうのでしょう。それも積極的に遠ざかるというのが、もったいないと思いませんか。

若者たちに限らず、人は誰かと一緒にいたがっています。いつも誰かといたいし、仲間意識を持ちたい。でも若者たちは話をすることが苦手です。言葉でうまく伝えられなくて相手を傷つけてしまう。あるいは逆に、相手が決して傷つけるつもりで言っているのではないだろうと思っていても、「それって、私を傷つけようとしているの? 違うよね」「あ、傷つけちゃった? ごめんなさい」というコミュニケーションが会話のなかでとれません。話すこともなければ、「どこがいい?」「カラオケ」。こういうパターンになっているのではないでしょうか。

●低くなったセックスのハードル

もっと早くから気づいている人も多いかもしれませんが、私が「セックスはパートナーとのコミュニケーションツールである」ということに気がついたのは、結婚して性生活を何年も送って、なおかつ性教育、あるいは性を考えるということに関わるようになってからでした。

私はいま52歳ですが、中学生や高校生の頃の私にとって、セックスというのは別世界の人がすることでした。セックスをするということに対して、自分自身の中に非常に高いハードルがあり、とても飛び越えられるものではありませんでした。そのハードルを高くしていた要因は様々ですが、このハードルは時代と共に変わります。

私は2003年に、20代前半から50代までの男性を対象としたパートナーに関する意識調査を行ったことがあります。グループインタビュー形式で、「あなたは、自分のパートナーに性体験があることをどう思いますか」ということを、いろいろな人に語ってもらいました。

50代の人は「自分のセックスパートナーに、他人と性体験があることは受け入れられない」と答えました。こう思っている人たちは、自分がセックスをするときには、性体験のないことを相手に求める一方で、相手にとって初めての性体験の相手となることを、自分自身がある意味で十字架として、責任という形で背負っていくということまで全部考えて、セックスをするわけです。

40代の人たちはどう答えたでしょうか。パートナーが思春期に性体験をもっている可能性がある時代をすごしたのかもしれませんが、「性体験があることを知らなければいい」と答えた人が主流でした。

30代になってくると、「性体験をもっていることは知っていても、その相手のことを知らなければ、気にしない」と答えています。たとえ、自分のパートナーが中学・高校時代に異性と親密な関係にあったとしても、そして周りがその事実を知っていても、自分がその相手を知らなければ構わないというのです。

20代後半になると、「性体験をもった相手を知っていても、別れてしばらく経っていればいい」と答えています。たとえば同僚の○○さんと以前つき合っていたとしても、『それは半年前の話だよね』ということなら構わない」ということになります。

では、20代前半になってくるとどうでしょうか。知っている相手、たとえば同僚のA君と彼女がつき合っていたとしても、「きのう別れていれば、それでもう気にしない」と答えました。別れていればいい……。

10代はどうかと思って、知り合いの学校の先生何人かに聞いてみました。

高校ではもちろんのこと、中学生でもクラスのなかに性体験をもっているカップルがいるのは珍しくないようです。いまの子どもたちはパートナーと性体験をもったことを普通のことのようにしゃべりますから、同級生も、先生方も「ああ、A君とB子さんがつき合っている（セックスをしている）んだな。C君とD子さんがつき合っている（セックスをしている）んだな」ということがわかります。でも気がつくとそれぞれ別れてしまっていて、今度はA君とD子さん、C君とB子さんという具合に、クロス関係でつき合っていることがあるそうです。前の相手のことは気にしていないと言っていました。

そうした彼らの気持ちは、正直言って52歳の私には感覚的に理解できませんが、彼らは本当に気にしません。気にしないからこそ、互いにパートナーが替わるというつき合いができるわけです。

●求められない処女性

このように、セックスに対するハードルが低くなっているなかで、パートナーに処女性を求めないのが、いまの若者たちです。

逆にいえば、彼らは「おじさん、どうして相手の処女性にこだわるの？」と思い、私の気持ちが理解できないでしょう。このように価値観が正反対の彼らに対して性を語っていることを常に意識しておく必要がある、ということを私はいま痛感しています。

ただ、女性の場合は、年配者であっても、必ずしもパートナーが自分以外の女性との経験がないこと、すなわち童貞であることを求めてはいないようです。これはかつて流行った曲からもわかります。松任谷由実の曲「魔法のくすり」に、「男はいつも最初の恋人になりたがり、女は誰も最後の愛人でいたいの」という歌詞があります。過去はどうであれ「愛される最後の人」で自分はありたいという女性の気持ちは、少なくとも50代のわれわれが思春期を過ごした時代からあったと考えてよいでしょう。たぶん、女性の「過去はどうでもいいわ。いま、私の方を向いてちょうだい」という気持ちはいつの時代でも変わらないのかもしれません。

現在では、男性の方も相手の処女性にこだわらなくなり、そこが男女ともピタッと一致したのが、いまの若者たちの性をめぐる状況だといえるでしょう。

ただ、ここであえて付け加えるとすれば、たとえ感覚的に理解し得ない、受け入れられない相手だからと言って、その相手（若者）も理解できない相手（おじさん）に迎合してほしいとは思っていないということです。若者たちは、（おじさんたちから）こんな価値観を大事にしようというスローガンではなく、（おじさんたちに）俺たちはこんな生き方をしてきたという背中を見せてもらいたがっています。「童貞と処女で夫婦なんてかっこいい。かわいい」という声を聞いたことがあります。若者たちこそ様々な価値観のなかで揺れていますので、一人ひとりの大人が、相手を否定するのではなく、「自分はこう思う」という思いを実践しつつ語ることが求められています。

●コミュニケーションの手段としてのセックス

若い頃の私と違い、いまの若者たちはセックスがコミュニケーションツールであるということに本能的に気づき、自分の周りでコミュニケーションが不足していることを穴埋めするかのように、セックスをコミュニケーションツールとして使っています。とくに女子にその傾向が強いようです。

なぜ、そのことに若者たちが気づいたのかといえば、それはセックスに対するハードルが非常に低くなり、実際にそのツールを使える環境が生まれたためでしょう。

では、どうして私は実際にセックスをするようになって何年も経ってから、セックスがコミュニケーションツールであることに気づいたのか、について考えてみます。

私が初めてセックスをした頃は、はっきり言って自分の性欲を満たす、発散する、要するに自分がセックスをしたい、もっとはっきり言えば、射精をしたいということでした。

性生活カウンセラーとして著名であった奈良林《ならばやし》祥《やすし》先生（1918―2002）が、男性の性欲の顛末《てんまつ》は「興奮→勃起→射精→満足→おしまい」とおっしゃったと聞いていますが、その通りだと思います。

私の場合、そのパターンを最初に経験したのは、マスターベーションにおいてです。その後何年もマスターベーションで射精する時代が続きますが、パートナーがいて、パートナーとのセックスのなかで射精ができるということ、これは私にとって大きな目標であり、あこがれでした。それを達成できたときは私にとって大きな喜びでした。

しかし、そのときにはセックスでつながっているパートナーの求めるものが何なのかを考える余裕も、思いやる気持ちもありませんでした。パートナーがセックスに何を求めているかということに気づくのは、もっと後のことになります。私自身がセックスのパートナーに対して「思いやりの気持ち」を持っていなかったのに、そんな私が若者たちに「思いやりの気持ちを持ちましょう」とは言えないと思いませんか。

私は異性愛者ですからパートナーは女性ですが、では女性サイドはセックスに何を求めているのでしょうか。

ある人はコミュニケーションです。それも「二人でいたい」とか「誰かと一緒にいたい」というものです。そして、誰かの温もりを感じたい。コミュニケーションを求めている女性と、「セックスをしたい、射精をしたい」という男性が、セックスができる環境にいたとしたら、セックスをするというのはある意味で自然な成り行きです。

小国綾子さんは、『いいじゃない　いいんだよ』（岩室と共著、講談社、2005年）のなかで「求められているというのが一番明確にわかるのはセックスだから。私もそうやって自己肯定しようとした時期があったけど、そこからは、五分五分の関係にはなれないんだよね」と一人の女性の視点から見た性を語ってくださいました。

私の話を聞いて自分も性教育を勉強したいとメールをくれた女子大生は、「私も高校生に性の話をしたいって思ってます。理由は、自分が高校生のとき『寂しいからとりあえずセックスしてた』からです。(こうやって書くとやっぱ悲しいです……)思い出すとほんとに後悔します。自分を大切にしてほしい、ほかにも楽しいことなんて探せばいっぱいあるんだから、簡単にセックスしないでほしい！　という思いを、伝えたいです」と話してくれました。さらに「本当に聞きたい性の話をしてくれる大人はいなかった」とも言っていました。

このように本音を語る若者によるピア(仲間)エデュケーションという取り組みは、これからますます求められるようになるでしょうが、仲間の声さえも受け止められないコミュニケーション不足は、かなり深刻な状態といえるでしょう。

③・コミュニケーション不足の背景にみえるもの

●「ケータイ」の本当の問題点

いまの若者たちのコミュニケーションを論じるとき、携帯電話、携帯、ケータイについて最初に正しく理解する必要があります。そもそも「携帯電話」と呼ぶのは「携帯」「ケータイ」を使いこなしていない大人たちだそうです。

携帯電話はもはや道具、ツールとして若者たちの生活に深く入り込んでいます。それを可能にしたのが携帯電話によるインターネット利用の定額制導入です。

皆さんが中学生や高校生の頃、何かわからないことがあったらどのように対処していたでしょうか。家族、友だち、先生をはじめ、とにかく誰かに聞いていたと思います。しかし、今は、誰かに聞くと自分の無知をさらすようで恥ずかしいから、また自分の関心事を誰かに知られるのが嫌だからといった理由で、人に聞かないでまずは携帯サイトの検索ツールで調べます。暇だったらずーっとネットサーフィンをしています。

このように携帯電話は、たんに誰かとのコミュニケーションの手段、電話やメールといった通信用の手段としてだけではなく、インターネット検索、ミュージックプレイヤー、ゲーム、カメラ、辞書、電卓、ＧＰＳ（位置探索・居場所確認）といった機能が盛り込まれたツールになっています。

大人たちは、子どもたちの性のこととなるとすぐに「携帯電話が悪い」と言います。なぜ携帯電話が悪いのかと聞くと、「出会い系サイトにアクセスするから」「援助交際の入口、犯罪の入口になっているから」と言いますが、そのように表に現れた問題だけに着目していてよいのでしょうか。

確かに、携帯サイトのなかには出会い系サイトだけではなく、集団自殺のサイト、強盗仲間を募っている闇の求職サイトなど、集団犯罪の呼びかけをしているものすらあります。しかし、それらのサイトの問題はさておき、私は、それらのサイトに一人で、無批判にアクセスしていることを問題にしたいと思います。なぜなら、そのことに興味を持っていない人を含めた大勢でアクセスすれば「おいおい、これってヤバくない」という声が出ると思うからです。

それだけではありません。私は、携帯電話の問題はもっと根が深いと思っています。

携帯電話でのコミュニケーションは、いま自分がどうしたいか、それに対してオーケーかノーかということを互いに単語で伝え合うだけで、そこには「もうちょっと待ってもらえるならオーケーよ」といった複雑なやりとりはありません。とくにメールでのやりとりは、相手があるコミュニケーションとしてはあまりにも希薄だと思います。

皆さんは、誰かと話しているとき、その人がかかってきた携帯電話に突然出たという経験はありませんか。着信音が鳴って、いきなり会話を中断して携帯電話に出る人もいますし、マナーモードであっても、いま話をしている相手に対して「ちょっとごめんなさいね」と断ってから出る人は、決して多くありません。

そもそも、誰かと話をしようとするときに、事前に着信音が鳴らないようマナーモードに設定しておかないこと自体、相手とのコミュニケーションを大事にしていないことの証《あかし》でしょう。どうしても携帯電話に出なければならない要件のある人は、事前にそのことを相手にきちんと伝える必要があると思うのですが、現実に、そういうことに配慮できない大人たちが多くなっているように感じています。電車のなかで大声で通話している人を見ると、たんに迷惑な人というだけではなく、周りの人を感じることができない不幸な人と思えてなりません。

携帯電話をコミュニケーションツールとして重用するのであれば、逆に、互いのコミュニケーション能力の無さを補うような使い方はしないようにすることが大事だと思います。

どうでもいい用件ですぐに電話をかけない。待ち合わせる場合も「□□駅に○時○分」

「じゃあ、西口交番の前でね」ときちんと約束しておけば、改めて電話なんてしなくてもよいはずです。しかし、約束したにもかかわらず、「いまどこ？」と互いに電話をかけ合っています。

ついでに言えば、そこに携帯電話会社への料金支払いが発生しているわけですが、そうした経済活動、消費活動が起こっているということに思い至ることなく、後になって電話代の支払いに汲々としている若者がいるというのは、その想像力のなさだけをみても大きな問題だと思います。

余計な電話をかけることで携帯電話料金がふくらむことに思い至らない人が、コンドームなしでセックスをすれば妊娠するかもしれないと思わないとしても、それはごく当たり前のことなのかもしれません。いま広がりつつある料金の定額制は、若者をして先（結果）を考えずに済む状況にますます追いやることになるでしょう。

●返事が待てない若者たち

タレントを引退した飯島愛さんは、ある若者向け雑誌に連載のページを持っていたことがあります。そこに私が「岩室紳也という医者が性の相談に乗ってあげますよ」とPRしたところ、1日に何10通もの相談がきて、若者の性の実態をあらためて勉強させてもらうことになったということがありました。

なかでも驚いたのは、相談の内容ではなく、まったく同じメールが同じ子から10数通も入っていたことでした。講演会が終わってそのことに気づき、相談への返事とともに、「どうして、こんなに何度も同じメールを送ったの?」と、その子にメールを返しました。

「先生は私のことを無視していたんじゃないんですね?」

無視? 意味がわかりません。

「無視なんてするはずがないじゃない? だって、飯島愛ちゃんとともに、皆さんからの相談を真摯《しんし》に受け止めるつもりなんだから。」

「だって、5分たっても返事がこないから、また出したんです。」

それでまた驚いて、このことを学校の先生たちに投げかけてみますと、「いや、いまの子どもたちは、5分返事がこなければ、シカトされたとか無視されたと思ってしまう。要するに、返事が遅れると友情が壊れるというようなつき合いをしているんですよ」という話を聞くことができました。早く返事をもらいたいという気持ちは理解できますが、相手にもいろんな事情があるでしょうから返事が来るまで待つ、催促しないで我慢するということができないんですね。

携帯電話は友情を保つためのコミュニケーションの手段のはずなのに、いまでは友情のバロメーターとして、何分で返事が来るかを測る手段になっているようです。友情はそんなことで壊れるのでしょうか。私がこの本で一番強調したいのは、「性」を通して、若者のストレスに対する弱さ、待てない弱さ、先（結果）を見通す、考える力の弱さなど、いろいろなことがわかってくるということです。

もっとも大人たちも携帯電話依存症ですね。電車のなかで周りを見渡せば、メールを打っている人だらけです。子どもたちのことを偉そうには言えません。「岩室さんだって、携帯電話は使っていないけど、パソコン依存症では」と言われそうです。

●稀薄な家庭のコミュニケーション

若者のコミュニケーションを、別の場面でも見てみましょう。

たとえば、食事のときはどうでしょうか。私の家庭は夫婦二人ですが、朝は必ず一緒に食べます。なぜ一緒に食べるのか……。それは当たり前だからとしか言いようがありませんが、一人で食べたらつまらないし、さみしい。誰かと一緒に食事をして、「これ、いまが旬でおいしいね」とか、「これ、きのうの晩ご飯の残りだけど、ひと晩おくと味がしみておいしくなってるよね」というような話をしながら食べるとおいしいと思いませんか。しかし、いまは一人で食べる「孤食」が当たり前のようになっています。

お母さんはパートで忙しい、子どもは塾に行っている、お父さんの帰りは遅い。みんな一人で食べるのが当たり前になっています。これは仕方のないことかもしれませんが、食事の場を通してのコミュニケーションがだんだんなくなってきています。

食事をすることを通した感動の共有がないものですから、その回数も当然減ってきて、1日1食が当たり前の人も増えています。「夕食」も、友だちと食べる「友食」に変わってきています。さらに、これは複数の家庭に呼ばれて食事をしたときに体験したことですが、みんなの集合を待たないで食べ始める人もいます。「食事」が「食餌」に、つまり餌《えさ》を食べる場に変わってきているのではないかと思いました。やはり最後の人が座るまで待って、そこで皆で「いただきます」と言って食べ始める。食べ終わったら、「ごちそうさま」と言って感謝をする。それが「食事」ではないでしょうか。

こういう話をしたときに、ある小学校の先生は保護者から「給食のとき、うちの子どもに『いただきます』『ごちそうさま』と言わせないでください」と言われた、と聞きました。

「えっ、どうしてですか?」

「給食費を払っているのは親ですから」と。

そもそも生き物の命を奪って自分の命としているところの「いただきます」「ごちそうさま」という感謝の気持ちを知らない、自分の食事を支えてくれている人がどれだけ多くいるかということを知らない、自分だけで経済活動から子育てまで完結していると勘違いしている大人たちがいるということに、あらためて怖さを感じました。

では、食卓ではまったくコミュニケーションがないのでしょうか。

じつは、メールをしながら食事をしている子どもたちがいます。つまり、その子どもたちも、やはりコミュニケーションを求めてはいるのです。家の外の、一緒に食事をしていない誰かとコミュニケーションをしながら、餌を、カロリーを、栄養素を口から送り込んでいる。これは大きな問題だと思わなければなりません。

こうした状況を何とかしなきゃいけないという発想もあり、学校現場でも「食育」――食を通して人として育つ支援をすることに取り組もうという運動が起こっていますが、今後「食育」が教育現場で実践に移されていくなかで、栄養素指導、カロリー指導だけに変質せず、「あ〜おいしかった」と言い合えるような、食べることを通した感動の共有が心の栄養となる環境が広がることを、心より願っています。

家のなかでの他のコミュニケーションはどうでしょう。

たとえば、皆さんの家庭で夫婦の会話はありますか。わが家での会話は「おはよう」から始まりますが、ある朝、前の日に予防接種に連れていった猫が元気がなかったので、医者の私としては「これはたんなる副作用なのか、注射したところが内出血を起こしていて痛いのか。これで人間不信にならなければいいけれど……」。その猫をインターネットの里親探しのサイトでもらってきた家内は、「この子がやっとうちに慣れたところを、また人間嫌いにしてしまったんではないかしら」。そんな会話をしていますから、夫婦の間もスムーズにいっています。

しかし、会話のない夫婦が増えていると聞きます。

私は、会話のない理由は、夫婦で感動を共有していないからだと思っています。要するに、会話のきっかけは何でもよいのですが、感動を共有していることが一番です。子ども中心の家庭では、「この子はこうだったの、ああだったの」という感動が会話のきっかけになります。子どもに一所懸命向き合っていれば、自然とそうした感動があるはずです。

ところが、お父さんが帰ってきたときに子どもはもう寝ている、お父さんが会社に行くときにも寝ている、あるいは子どもが学校に行くときにはお父さんがまだ寝ているということでは、なかなかその子と感動を共有することができませんから、休日は一緒に過ごしたり、あるいは最低限、一緒に食事をするということが必要ではないでしょうか。

夫婦の場合も同じです。ご主人が「行ってきます」と言ったときに、奥さんはまだ寝ている。帰ってきたらもうパジャマ姿になっている。ご主人の帰宅が夜遅いのではそれも仕方のない面がありますが、やはり何か工夫が必要ではないでしょうか。

私は、外で飲んでどんなに遅く帰っても、必ず家で「一杯飲もうか」と言って、家内と一緒に飲み直すのを楽しみにしています。ただ、これをやると太るという問題点があって、私はカロリー制限に苦労しているのですが……。

●個室が奪うコミュニケーション

テレビも、家族で感動を共有する場の一つになりうると思います。しかし、いまは一人1台というテレビ環境、パソコン・ネット環境です。私は、これは意識的に壊していかなければいけないと考えています。テレビもパソコンも、一家に一台だけにしませんか。

昔の家庭では、家族でテレビを見ることが性教育にも結びついていました。たとえばエッチなシーンが画面に現れると、なんとも言えない気まずい雰囲気が流れ、おじいちゃんや父親がガチャガチャとチャンネルを替えていました。そのまま見たかった子どもと見せたくなかった大人との無言のやりとりがあって、なぜその場面を見てはいけないのかという説明はありません。私が子どもの頃は、たまに親が早く寝たり親の帰宅が遅かったりしたときには、テレビにかじりついて「11PM」（1965年から90年まで放映された、男性に人気の番組）のバニーガール姿や露出度の高い水着姿に興奮していました。

そういう環境に育った50代以上の人は、セックスに対するハードルが高くて当たり前でしょう。良い悪いではなく、それが当時、自然に備わっていった性の規範ではないでしょうか。

最近なら、「冬のソナタ」でヨン様に夢中になって、韓国にまで飛んでいくお母さんたちがよい教材です。母と子が韓国ドラマを一緒に見ていたら、子どもたちは「何でこんなキスシーンもないようなドラマで親が感動して、その俳優に入れ込んでしまうのか？」と不思議に思うことでしょう。親はドラマで疑似体験をしているわけですね。「そうか、言葉のやりとりだけでもそんなに人は夢中になれるんだ」ということを、子どもたちが知るよい機会になります。親の見ている番組はつまらないかもしれない。子どもは本当は娯楽番組や音楽番組を見たいのでしょう。私も昔はそうでした。でも親が見ているものを親子一緒に見ることで、「へえ、大人の価値観ってこうなんだ。こういう見方もあるんだ」ということが伝わります。そうすれば、セックスに走りすぎない子どもになっていけるのではないかと思っています。

Ⅱ章　生きる力と思春期の性

1・生きる力とコミュニケーション

●IECが大事

コミュニケーションの大切さについて考えをふくらませていた当時、国立公衆衛生院（現、国立保健医療科学院）次長の林謙治先生に「インフォメーション、エデュケーション、コミュニケーション（IEC：Information, Education, Communication）」という言葉を教えていただきました（図1）。

私が「コミュニケーションが大事ですよね。感動が大事ですよね。でもやっぱり性教育では、正確な科学的情報が大事です」と言うと、林先生が次のようにおっしゃいました。

「岩室君はIECって知っているか。これは健康づくりの分野で昔から言われていることなんだけれど、インフォメーション、つまり正確な情報がどれだけあっても、そしてエデュケーション、その情報を伝えるための教育をどんなに充実させても、それは知識にしかならない。もしその知識を生かすとしたら、すなわち、いわゆるライフスキルとか「生きる力」というものに育てていくためには、知識＋《プラス》コミュニケーションがなくてはならない。つまり、人との対話、関係性を通した感動の共有をし、さらには、同じ知識を持っていてもそれぞれの感じ方、考え方、価値観は違うから、そうした相手との価値観の相違のなかでいろいろなプレッシャーを乗り越えていく。そういうものがなければ、知識は自分のなかに落とし込めず、生きる力にはならないんだよ」と。

　なるほどと思いました。性教育については常にいろいろな意見が出ています。「寝た子を起こすな」という声は昔から、そして今もあります。小泉純一郎氏は首相時代に、「われわれは性教育を受けなくても、立派な大人に育ったんだ」とおっしゃっていました。この意見に賛同する人はいっぱいいます。私自身も学校で授業としての性教育を受けていない世代です。でも、私は今の若者には多様な大人による多様な性の教育が必要だと考

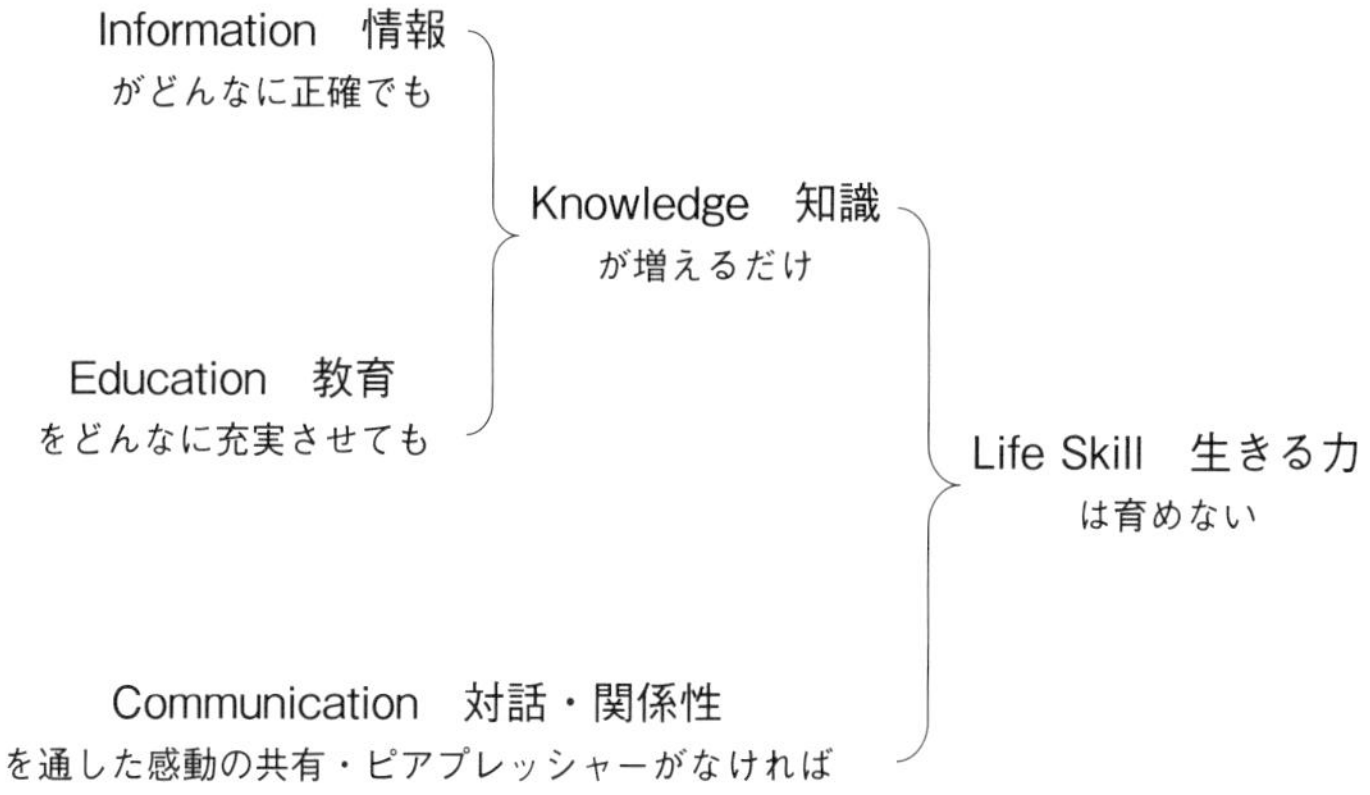
Information　情報
がどんなに正確でも
Education　教育
をどんなに充実させても
Knowledge　知識
が増えるだけ
Communication　対話・関係性
を通した感動の共有・ピアプレッシャーがなければ
Life Skill　生きる力
は育めない

図1 IEC

えています。ただ、これまで、自分が性教育にこだわる理由をうまく説明できなかったのですが、このＩＥＣという言葉（概念整理）でかなりその理由がみえてきました。そして、「生きる力」というキーワードを得たことで学校関係者との連携も、共通理解を得ることも容易になったと思っています。

●昔はあったIEC

大人の皆さんの時代において、性に関するＩＥＣはいかがだったでしょうか。

昭和30年生まれの私が思春期を迎えた時代のインフォメーションの出どころは、部活などでいろいろな先輩や親戚から情報をもらえる環境でした。私たちの前の世代であれば、地域の青年団とか地域のコミュニティがあって、おにいちゃん、おねえちゃんたちが、近所の子どもたちを引き連れていろんなところで遊んだり、猥談《わい》をしたり、それこそ生きた性教育を先輩たちからしてもらっていたようです。

私自身が性についての情報に触れたり、誰かに教わった環境があったりしたかを、初めから振り返ってみます。私は小学生の頃、アフリカのケニアに住んでいましたが、父の会社の部下の人（確か30歳前後だったと記憶しています）もその同じ屋根の下に住んでいました。小学校高学年だった私は、その人が買ってくる『ＰＬＡＹＢＯＹ』を盗み見た覚えがあります。

しかし、誰かに本格的に教わったというのは、中学2年のとき日本で寮生活を始めてからです。寮生活では、先輩からいじめもあるけれど性情報も入ってきます。仲間でとことん話し合いました。ラジオの深夜番組を1時2時まで聴いたり、徹夜で語り明かしたりというなかで、仲間や先輩からたくさんの情報をもらうことができました。私自身、学校で性教育を受けた覚えはありません。というか、当時はとりたてて性教育を行う必要がなかったのです。性教育がなくても、いろんな人とのコミュニケーションを通してそれなりの情報は入ってきて、知識がふくらんでいきました。一方で中高生がセックスをするなんてとんでもないという社会規範を大人たちが若者に繰り返し言い聞かせていました。

『週刊プレイボーイ』『平凡パンチ』といった若い男性向け週刊誌、さらには現在でも性情報が溢れているスポーツ新聞がありました。『東京スポーツ』は駅の売店でしか買えませんでしたが、中学、高校のときから買って読んでいました。それらから得られる知識には、間違ったものも当然あったのでしょうが、自分自身が具体的な行動に至るわけではないので、特段問題は生じませんでした。

では、知識が膨らんでいくだけだったのでしょうか。

大人とのコミュニケーションのなかでは、異性との交際、ましてやセックスなどとんでもないこと、という価値の表明がさんざんなされました。たとえば女の子からたまたま手紙が来ると、「これはどういう付き合いなんだ」と詰問されます。中高生の頃は彼女と呼べる人はいませんでしたが、仮にいたとしても「セックスなんてとんでもない。だいたい男女が付き合うなんてとんでもない」という雰囲気のなかで、自分自身がセックスをすることなんて考えられませんでした。

私は大学に入って彼女ができましたが、彼女の家に電話をして「もしもし。岩室といいますが……」と言うと、電話口に出るのは必ず彼女のお父さんでした。いつまでも隠れた存在でいるわけにはいきませんから、ちゃんと相手の家に挨拶に行きます。この、彼女のお父さんに挨拶をすることの緊張感たるや、もう本当に胃が喉から飛び出すんではないかと思いました。でもそれをやらなくてはならないというルール、規範があるわけです。

それをクリアしたあとでも、当時は携帯電話などありませんから、家に電話をする。と、お父さんが出てきて、「岩室ですが……」「いないよ」と切られてしまったり、「あっ、いるよ」とボソッと言われて、やっと彼女と話せたりするわけです。そのとき、こちらは寮生活で公衆電話からかけていますから、持っている10円玉の範囲内でしか話せない。交際にあたって、社会的なルールから経済まで全部考えなければいけないのですから、異性と付き合うのも結構大変な思いをしながらであったわけです。

20歳を過ぎた男女が付き合っていると、どこからともなく「セックスはしてないだろうな」という意味の牽制球がいろんなところから飛んできて、ますます「妊娠なんてとんでもない」という意識にさせられました。

先日、32年ぶりに高校の寮で一緒だった人に会いました。彼は新聞記者になっていて、私はエイズのことで取材を受けたのですが、そのとき「僕らが高校生の頃は、男女交際をしている人がいたかもしれないけど、それは例外中の例外で、普通はできるものじゃなかった」という話になりました。これが普通だったのです。

ところが、「大学に入ったら男女交際してもいいよ。そこまでは我慢しろ」という無言の社会的ルールのニュアンスも同時に感じていたので、私は大学に入ったとたんにタガが外れてしまいました。それを父親は見透かしていたのですね。「おまえ、大学に入って気が緩《ゆる》んでるだろう」と言われたときは、「おやじって、ちゃんと見ているんだ」と、あらためて父親に対する尊敬の念が湧いてきたのを覚えています。つねに何らかのプレッシャー、ハードルが自分の性行動の行く手に立ちはだかっていたのです。

●親の気持ちを理解できない若者たち

では、いまの高校生はどうでしょうか。

以下は、ＮＰＯでボランティアをしている女子高校生と私の会話です。彼女には彼氏がいて、セックスもしているし、そのことを親は暗に知っているようです。家に連れて来て自分の親にも紹介しています。

「岩室先生、こんど彼氏と沖縄旅行に行くと親に言ったら、『許さない』って。信じられない。」

「当たり前じゃない。」

「どうして?」

「だって、二人がつき合っているということは認めて、なおかつ、二人がセックスもしているだろうことがわかっていても、親としてはそれを認めたくない。それが僕と同世代のお父さんお母さんの気持ちだよ。何であなたはそれを親に言いたいの?」

「それは、ちゃんと親に理解してもらって、了解してもらったうえで旅行に行きたい。」

「それは、親の気持ちを全然わかってないよ。」

「で、親に『じゃあ、黙って行けばいいわけ?』と言ったら、『バカッ』って言われた。」

「僕も同じ言葉を返すよ。バカだよ。それは大人の気持ち、まして親の気持ち、しかも娘を持つ男親の気持ちとしては、娘がセックスをしているということは認めたくないけれど認めなきゃいけないかもしれない。でも『コンドームをつけて避妊しなさいよ』と喉から出そうになっても、親としてはそこは言えない。なぜなら基本的にセックスはしてほしくないいからなんだよ。その気持ちもわからないで、親にセックスをする状況を認めろというのは、僕は間違いだと思うよ。」

●大人の気持ちを伝えていない親たち

世代間のコミュニケーションのギャップは当然あるし、価値観のギャップを埋めることはできないと私は思っています。そのことを、大人も学ばなければいけないと思います。

たとえ親子であっても甘えない距離の置き方があります。親としてどうしても譲れない一線、大人として譲れないという一線もあります。ですから、「子どもたちの性行為については適切ではない」という基本的スタンスを中央教育審議会（健やかな体を育む教育の在り方に関する専門部会、２００７年）が打ち出したのはよくわかります。これは親としての価値観であって、そのことを子どもたちに、ルールとしてだけではなくて、もっと日々の会話のなかで伝えていく必要があるのではないでしょうか。

ですから、先に紹介した女子高校生は幸せだと思います。親に言われて「わからない」ことを、同じ年代の大人にぶつけることができ、そこでまったく同じ答えが返ってきた。「やっぱり大人とのつき合い方、価値観の違う人とのつき合い方は、こういうふうにしなきゃいけない」という学びができたわけです。

そういうコミュニケーションの環境を、われわれ大人は子どもたちから奪っているということにもっと気づくべきだと思います。

●性に関するコミュニケーションの欠如

「性」を話題としたコミュニケーションは、以前はたくさん行われていました。少なくとも「セックスをするな」という方向でのコミュニケーションは繰り返したくさんなされてきました。子どもたちの性行動を否定する大人のメッセージは、じつはすごく大切な大人と子どものコミュニケーションでした。

しかし、いまはどうでしょうか。「中高生がセックスするなんてとんでもない」と思っている大人は、そのようなコミュニケーションを、一方的になるかもしれないけれども、子どもたちに対してしているでしょうか。「せめてコンドームを使え」と言いたい人は、子どもたちにそのように語っているでしょうか。少なくとも日常生活のなかでは、性に関する大人と子どものコミュニケーションは全然ないと言っても過言ではありません。

その反面、子どもたちをとりまく現状を見れば、性に関する情報が氾濫しています。しかも、子どもたちがインターネットにアクセスしている横に親はいません。教師もいません。それどころか同世代の仲間もいません。そうすると、そこに出てきた情報が正しいか誤っているかがわからないわけです。「性」が複数の人との共通の話題にならなくなっているいま、一人ひとりが、自分が得た情報が正しいかどうかということを検証をすることなく、それゆえ悩むこともなく、自分の得た誤った性情報の方向にどんどん突っ走っていく可能性があるのです。このことにさらなる追い打ちをかけているのがインターネットの中身です。インターネットには同世代でセックスをしている人の声など、自分に都合のいい答えや情報が必ず見つかります。

これは大人でも同じだと思います。活字化されたもの、一見まともな形で流されている情報を皆さんは正しいと信じていませんか。本に書かれている情報でも誤りはあります。ある商品を売らんがための非科学的な捏造《ねつぞう》記事で構成された本などは、その極端な例です。そこまでひどくなくても、情報の書き方や伝え方の間違い、誤解もあります。

ましてや、情報の何が正しいかという判断能力のない子どもたちが、インターネットで次から次へと流れてくる性情報にさらされれば、性に対するハードルがますます低くなっていってしまいます。

一方で、性情報の氾濫に対して危機感を持っている大人たちが行っている性教育の中身は、ますますオブラートに包まれた曖昧《あいまい》なものになってきています。

学校での性教育は、一定のルールのもとで行われなければならないというのはよくわかります。なぜなら、多様な価値観を持った教師が授業を一律に行わなければならないなかで、これまた多様な価値観を持った保護者が背景にいる。しかも多様な発達段階にある子どもたちに合わせた性教育をしなければならないからです。しかし、多様な発達段階に共通する中身に絞っていくと最低限の内容しか残らなくなり、逆にどうしてもそれだけではカバーしきれない子どもたちが出てくる、という現実のなかで様々な模索が続いています。

さらに、若者たちのコミュニケーション能力はどうでしょうか。性教育を充実させ、知識をいくら増やしても、彼らの身に付けた知識が生きる力となるために必要な仲間や周りとのコミュニケーションが足らない若者が急速に増えています。

●「ポピュレーションアプローチ」という考え方

教育現場では、「集団教育」で十分な効果が得られなかった子どもたちに対しては「個別指導」で対処しようということになっています。しかし、この考え方ではわれわれ公衆衛生の現場が近年繰り返してきた健康づくり運動の過ちと、同じ過ちを繰り返すことにつながらないかと心配です。

健康づくりの分野では医学の進歩、さらに疫学という研究手法の発展により、様々な病気の要因、リスクが明らかになりました。たとえば、塩分を多く摂取すると高血圧になりやすいとか、高血圧の人は脳卒中になりやすいということが明らかになりました。血圧が高いのはハイリスクだとして、その人に対して食事指導を徹底しましたが、高いリスクをもった個人への個別指導（ハイリスクアプローチ）だけでは生活習慣を改善できる人が少ないことが明らかになりました。それもそのはずです。その人の周りには検診を受けていない人もいれば、「高血圧」と診断されないまでも、同じように塩辛いものを好んで食べる人がいたり、外食時に塩分表示がしてあるお店がないなど、生活習慣の改善は一人ではなかなかできるものではないからです。

そこで、健康づくりの分野では「ポピュレーションアプローチ」という考え方が出てきました。集団全体にリスクが広く分布している場合は対象を一部に限定しない、集団（ポピュレーション）全体に働きかけるポピュレーションアプローチは、たんにすべての人に知識を伝えるだけではなく、結果的に病気を減らす方向で効果がある取り組みを行うことを意味します。実際のところ、日本では高血圧が減ってきていますが、一番このことに貢献したのは「冷蔵庫」だと言われています。冷蔵庫の普及という環境整備のおかげで食品の保存に塩分を使うことが少なくなり、日本中から高血圧が減ったのです。

ただ、このポピュレーションアプローチをリスクへのアプローチではなく「普及啓発」や「集団教育」と、狭い意味でとらえている公衆衛生関係者が未だに少なくありません。確かに、保健指導で全員が塩分を減らす方向で取り組めれば理想的ですが、ハイリスクな人たちでさえも十分成果を上げられないなかで、健診で「異常なし」と言われてホッとしている人が、生活習慣を改善するような動機付けができるとは思えません。

教育現場における「個別指導」と「集団教育」、それぞれの目的は何でしょうか。「個別指導」の目的は、望ましくない生活習慣や行動を変えることであり、大人の生活習慣病と異なり、子どもたちの場合は「個別指導」だけでもそれなりの成果が期待されます。しかしながら、指導だけではなく環境整備が必要なことは言うまでもありません。

「集団教育」の目的が「個別指導」が必要になる人を減らすことにあるとするならば、たんなる「集団（全体に対する普及啓発）教育」だけで十分な効果が得られないことは明らかですので、健康づくりの分野が取り組み始めているように、領域を超えた連携のもとで、いかに環境整備を図っていくかに注目したいと思います。

●アダルトビデオは5人で見ろ！

メディアリテラシーとか、インターネットに騙《だま》されないために、といった教育が注目されています。確かにその通りかもしれませんし、私自身もそのことに努めた時期がありました。いろんなアダルトビデオを見たり、様々なインターネットのアダルトサイトにアクセスしたりして、「ＡＶやアダルトサイトに描かれているようなセックスをしている人はいないよ」「膣外射精は避妊法にならないよ」と訴えてきました。

しかし、教える側、伝える側のすべての大人が、若者たちが接する膨大な、誤った情報を把握することは不可能です。またこんなことがありました。私が定期的に出しているメルマガに、誤った情報の一例として膣外射精のことを書いたところ、結婚している方から「私たち夫婦は避妊にはならないことを承知のうえで今でも膣外射精をしています」というメールをいただいたのです。膣外射精が避妊法にならないことは高校の教科書にも書かれるようになりましたが、一方で膣外射精はセックスの方法の一つとして定着しているのかもしれない、間違ったセックスの方法として伝えること自体が間違っているのかもしれない、と反省させられもしました。

では、子どもたちに伝えなければならない本質とは何なのでしょうか。その時代の、その世代の文化や価値観を培ってきたのは、結局のところ、お互いのコミュニケーションのなかで育まれたものです。私がアダルトビデオの世界を「つくりもの」と思えるのは、大学生時代に友人とポルノ映画を観に行った後の会話で「あんなのないよな」と言いながら楽しんでいた思い出や、いわゆるポルノ小説だからこそ書ける「架空の世界」の知識があるからです。若者たちも情報を多くの人と分かち合えればその是非や正誤を彼らなりに判断できるのかもしれませんが、残念ながらアダルトビデオにしても、インターネットの情報にしても、そのほとんどが一人で接するものになってしまっています。

「エロゲー」と呼ばれている、性的なシーンが含まれているゲームソフトが若者たちの中で流行しています。裸の漫画やアニメーションのキャラクターを「二次元」と呼んで入れ込んで、生身のパートナーはいらないという若者もいます。これからも次々と新しい情報や性産業が子どもたちに触手を伸ばしてくるでしょう。だからこそ、大人が若者たちが接する情報のすべてを網羅し、その是非や正誤を判断するのではなく、「アダルトビデオは5人以上で見ろ」「エロゲーをするなら5人でしろ」と言う方が若者たちのコミュニケーション環境を広げる意味でもよいのではないかと考えています。

5人という数字に科学的な根拠はありません。ただ、私は中学2年から高校を卒業するまで4人部屋で寮生活を送り、そのなかで同室者からいろんな考え方や価値観があることを教えてもらいましたので、最低4～5人くらいが妥当ではないかと考えたわけです。

●10代人工妊娠中絶率の減少はなぜ?

高校を卒業するときに約4割の生徒がセックスを体験しているといっても、逆に6割は体験していないということです。18歳の100人に1人以上が1年のうちにクラミジアに感染するといっても98人以上は感染しないということです。私がデータをもとに、「だから性教育が必要です」と強調すればするほど、じつは「他人事意識」を助長するだけだったと反省しています。

　ところが、私がコミュニケーションの重要性に気づかされると同時に、データ自体に説明に苦慮する現象が現れました。なんと10代の人工妊娠中絶率が２００１年をピークに急減したのです（図２）。望まない妊娠が減ったこと自体はよいことですが、その理由は不明です。私が関わっている携帯サイトでのアンケート結果では10代のコンドーム使用率は少し高くなり、避妊用のピル使用者も増えていますが、ここまで劇的に減少した理由は

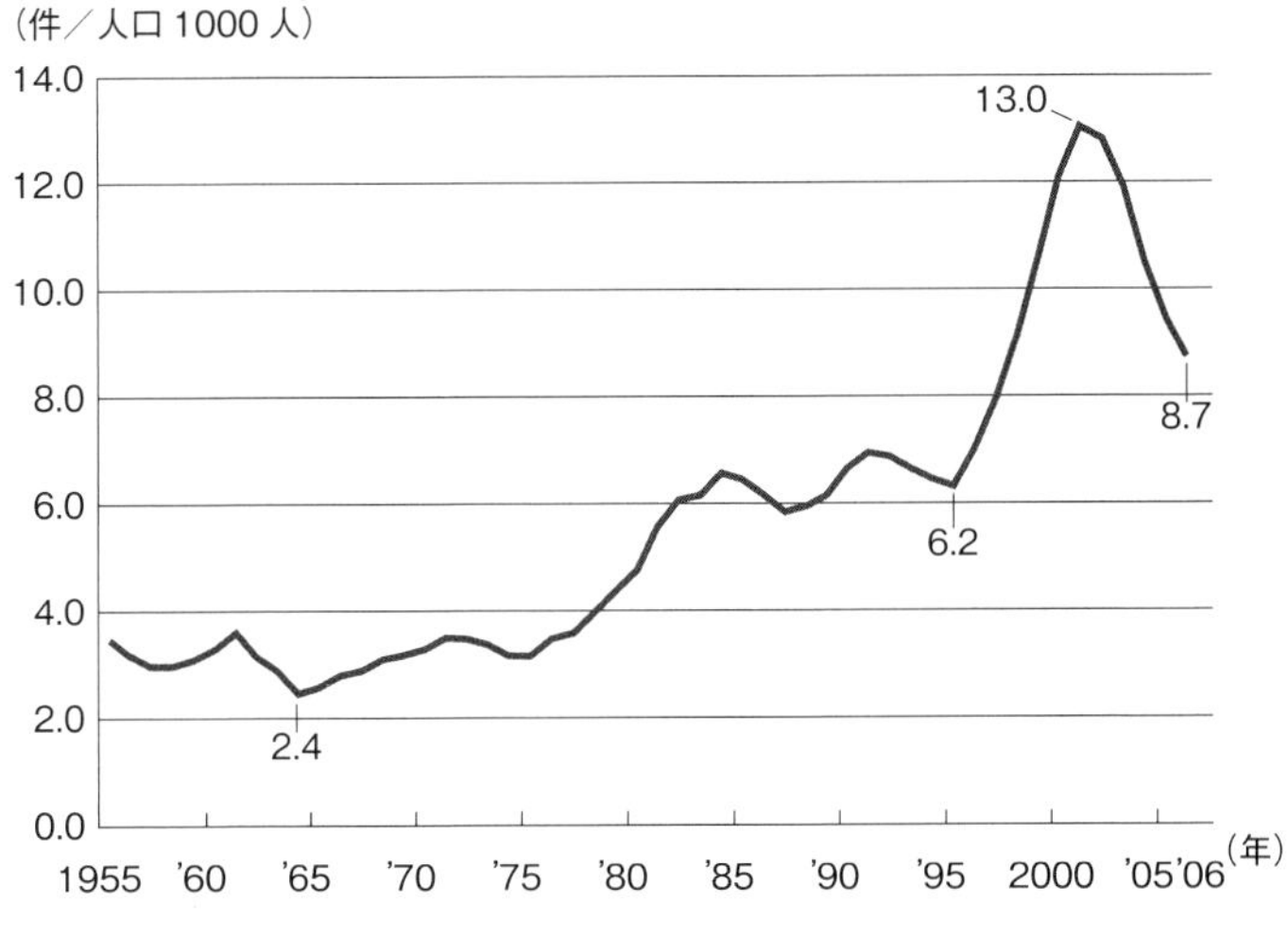

図２　15～19歳の人工妊娠中絶率の年次推移（出所：厚生労働省「平成18年度保健・衛生行政業務報告」）

はっきりしません。

そんなことを考えていたときに、学校現場の養護教諭の先生たちから、保健室で性的なことを話題にする男子生徒が少なくなったと感じているという話を聞きました。

性的な関心をインターネットなどで満足させ、自分がふられることで傷つくくらいなら「二次元」で満足し、彼女がいなくても、セックスをしなくてもいい、AVのようなセックスはできないからかっこ悪いと思われたくない（このことについては後で詳しく述べます）、と考えてなのかどうかはわかりませんが、私はセックスをする若者が減っている、若者がセックスをする回数が減っているのではないかと感じています。ここにもコミュニケーションの問題が現れているのかもしれません。

２・コミュニケーション能力を育てよう

●コミュニケーション能力をそぐ社会環境

では、コミュニケーション能力を育むためには、どんな取り組みが必要でしょう。

まず、日常生活のなかでコミュニケーションを育む機会にどのようなものがあるか見てみましょう。家族一緒に食事をするということはもちろん基本になりますし、学校での挨拶、商店街での対面販売もそうした機会となります。この対面販売が面倒だからと敬遠され、いまはスーパーで買い物をする人がほとんどです。レジでもほとんど会話をせず買い物ができるという、この環境がいかにコミュニケーション能力をそいでいるかということを、われわれは認識しなければなりません。あえて「認識」と言ったのは、この環境を変えることが不可能だからです。

話は変わりますが、防犯のために、警察がいま力を入れて取り組んでいる最大のポイントは地域住民による「声かけ」です。声かけがうまくいっている地域では、怪しい人がいても「こんにちは。あれぇ、見ない顔だな」と、そこで印象が残ります。そうすると犯罪者の検挙率も高くなるし、犯罪者の方でも顔を見られた、見られるかも知れないということで、その地域での犯罪を躊躇するという傾向があるそうです。ですから、そういう交流はとても大事です。

こんにち、地域では「ふれあい教室」など、老人会と小学生との交流事業に力が入れられたり、障害を抱えた人との交流活動が展開されたりしていますが、地域での挨拶運動を、性教育の土台にあるコミュニケーションの大切さということにリンクさせて、ぜひ考えていただきたいと思っています。

を分けて考える必要があると思っています。

健康づくりでは、よく「住民のニーズは何なのかをきちんと把握して」ということが言われますが、住民ニーズをアンケート調査で探るという考え方では、真のニーズを見逃す可能性があることに注意しなければなりません。これまで、アンケート調査では「必要と思われるサービスは何ですか」とか「行政に何を望みますか」と尋ねて、〇がついたもの、要望として出てきたものに優先的に取り組むことが少なくありませんでした。でも、これらはニーズでなくてディマンドです。

ニーズとは、客観的な観点から本来あるべきものが不足していたり欠如したりしているため、それを補填しなければならないという「必要」をいうのに対し、ディマンドとは、主観的な観点から自分のしたいことやほしいものの要求のことをいいます。

すなわち、住民の意識、意向調査をしても、そこから出てくるものはすでに住民自身が気がついていることです。気がついていることについては、いろいろ言えるかもしれません。「お金がほしい」「健康がほしい」、なかには「コンドームの使い方を教えてほしい」という人もいるかもしれません。若者の要求というのも、どちらかというとお金の問題であったり、彼女・彼氏がほしいなど、自分のいまの欲求から生じているものがほとんどです。

それに対して、本当の意味で必要とされていること、つまりニーズというのは、「コミュニケーション能力」や「生きる力」ということであるはずです。でも「生きる力がほしい」という思いは、「うざったい」と答えている人にはないでしょう。むしろそういうニーズは、感動を通したなかで、コミュニケーションを通したなかで、彼ら自身が感じ学んでいくことだと思います。

若者たちのニーズに応える「コミュニケーション能力」や「生きる力」というものが、彼らをこれから支えていくうえでの一番の基本になるということを、まず皆さんにご理解いただきたいと思います。

●褒める・感謝する・認める

他人とのコミュニケーション能力を育てようといっても、言うは易しで、じつは非常に難しいということは、一人ひとりが自分の経験を振り返ればわかることです。

人と人とが関われば、喜びもありますが、一方で辛さ、怒り、苦しみも生まれてきます。そのコミュニケーションを上手にすすめるコツを教えてくれたのは友人で共著（『いいじゃないいいんだよ』講談社、２００５年）もある水谷修さん（夜回り先生）でした。当時は横浜市立戸塚高校定時制で教師をしていた水谷さんから、「僕の学校で子どもたちに話をしてほしい」と頼まれました。その際に彼が、定時制高校の生徒に講演をする際の心構えについて注意をしてくれました。この心構えは、たんに定時制高校で講演する際の手助けになっただけではなく、子どもたちに対して話す際の指針になりました。

水谷さんは「生徒一人ひとりは本当に一所懸命生きている連中だけど、基本的に大人を信用していない。だから、最初は岩室さんの話を聞かないふりをするかもしれない。さらに、人の話を聞いているときに、話し手が自分たちをどう評価しているかということを、非常に厳しい目でみている。でも、岩室さんがいい話をしてくれたらちゃんと聞く。ちゃんと聞いていれば『ちゃんと聞いているんだ。偉いね』と彼らを褒めてやってほしい。彼らは褒められたことがないんだ。岩室さんが参考になるような質問や発言をしたら、そのことに対して『ありがとう』って感謝してやってほしい。そうすれば、彼らはますます真剣に聞いてくれる」。そして、「彼らの多くは性体験を持っている。今までのことはともかく、これから彼ら、彼女らがどう生きるかが大事だから、今までのことは認めてやってほしい」と言われました。

「褒める」

「感謝する」

「認める」

確かに、生徒たちとの双方向のコミュニケーションを図るには、彼らがどんな話を聞きたがっているのか、彼らの反応に自分はどう応えているのか、そこを意識してしゃべるようにすると、彼らは難しい話でも本当に真剣に聞いてくれるということに気づかされました。と同時に、「認める」という姿勢は、私自身のＨＩＶ／ＡＩＤＳをはじめとした様々な患者さんを診療する姿勢にも大きな影響を与えてくれました。どのような感染経路でＨＩＶ（エイズウイルス）に感染しようが、われわれ医療関係者は、病気と共に生きていかなければならない患者さんを、いまどのように支えられるかが問われているだけだということに気づかされたというわけです。

「われわれ医者は所詮『医療技術提供者』だ」とおっしゃったのは、前都立駒込病院感染症科でＨＩＶ／ＡＩＤＳ診療をしてこられ、現在はねぎし内科診療所院長である根岸昌功先生でした。根岸先生も、「医療技術提供者」として仕事をすることが大切であり、医療技術を提供することが求められている人は、患者さんが過去のどのようなことで感染したかについては事実として認めるだけのことであるとおっしゃっていました。

確かに、「あなたのことは、（セクシュアリティ、感染経路などとは関係なく）ありのままに認めています」という姿勢が伝わると、自然とよいコミュニケーションが生まれ、診療を通した患者のサポートも円滑に進みます。

●「生きる力」を携帯電話で育む試み

携帯電話が若者たちの生活とは切っても切り離せないものになっているとすれば、それを若者たちの生きる力を育むために使わない手はありません。情報を伝えたり教育したりするツールとして使えるのは言うまでもありません。

私が関わっている携帯サイトでは、たんに情報を流すだけではなく、そこで掲示板に書き込み、お互いが相談しあう環境をつくっています。ただ、時にはいたずらや間違ったやり取りがされることがありますので、そのようなことがないように管理人が常時チェックをし、必要に応じて私が「岩室先生のお説教部屋」と名付けたコーナーで介入します。

子どもたちだけの環境が不安だったら、その環境を否定するだけではなく、その環境に積極的に入っていくことも大事ではないでしょうか。ただそうは言っても、そこで起こる自分に不利なやり取りについて嫌だと思った人はそこから逃げてしまうので、結局のところ携帯電話だけで生きる力を育むことはできません。

❸・ストレスが育む生きる力

●私が性にこだわる理由

なぜいま性教育が、またエイズ教育が必要なのでしょうか。なぜ、思春期の性ということを大事にしなければいけないのでしょうか。

性教育に取り組んでいる大人たちに「なぜ性教育が必要ですか」と聞くと、「性情報が氾濫しているから」「10代の妊娠が増えているから」「援助交際をしているから」「性のトラブルにまつわる性感染症が増えているから」「エイズが増えているから」といった答えが返ってきます。私の分野でいうと、「誤った情報で包茎の手術が増えているから」。もう一つ、最近深刻になってきているものとして「正しいマスターベーションができない男の子が増えているから」といったこともあります。

いまなぜ性教育、エイズ教育が必要かというと、もちろん現実問題としての、あるいは現象としての、先に挙げたような様々な性の問題への対応もあるかもしれませんが、本当の理由はもっと根本的なところにあると思っています。

それは、10代の若い人たちが誤った情報の氾濫のなかにいて、人とうまくつながれないために、様々な性の問題に巻き込まれているからです。ですから私は、性の問題もＩＥＣという総合的な視点でとらえ、一人ひとりができることから取り組む必要があるという問題意識を訴えていかなければならないと考えています。だからこそ、性だけを教えても、エイズだけを教えてもだめです。これは学校現場でもよくいわれているように、生きる力を育むためには様々な取り組みが必要なのです。

では、私はなぜ性の教育にこだわるのか。それは、医者である私自身の経験や患者さんたちの経験をＩＥＣという総合的な視点でとらえて伝えると、子どもたちは本能的に興味を持っている性の問題について、安心しながら真剣に聞くことができるからです。

性的な表現に嫌悪感を持っている子どもたちも、否応なく自分の体に二次性徴が起きるわけですから、性は子どもたちが実際に向き合わされる問題です。そこにきちんと向き合った性の教育あるいは性の情報伝達ができれば、私は子どもたちが性の教育を通して生きる力を育むことができると考えています。

性教育、エイズ教育について加えて言えば、性、というより性に関する言葉や表現に対してハードルの高い人たちは、「セックス」「膣外射精」「コンドーム」「援助交際」といった言葉を耳にした瞬間にカチンときてしまいます。「そんな言葉は聞きたくない」と。また「所詮、性感染症は遊んでいる人たちの病気だ」という誤った認識の人たちのなかで性に関する話が出ると、「それは他人事」という切り捨てが始まってしまいます。

私がそのことを意識したのは、私がコミュニケーションについて話すようになってから、「岩室さんがコンドームを強調されている意味がわかりました」とおっしゃる方が増えたからです。

コンドームを科学的な視点でとらえている私と違って、コンドームを性表現の一つとして嫌悪感をもって受け止めている人にとっては、先に挙げたような性に関する言葉が次から次へと続くと、内容云々ではなく、はなから拒否的な感覚で私の性教育やエイズ教育、コンドームの話をとらえていたようです。逆に私も「性教育は命の教育」と言われても、なんとなく「きれいごと」を言っているように思っていました。

●「性」にはストレスがついて回る

ではここであらためて、子どもたちにとっての性、とくに二次性徴というのはどういうものなのか考えてみましょう。

これは皆さんにも考えていただきたいことなので、まずは、自分と性、二次性徴との出会いはどこにあったのかを思い出してみてください。

「体型が変わっていく」「陰毛が生えてきた」「声が変わっていった」「月経がはじまった」「性欲を感じるようになった」など。

こういうことは、多くの場合ストレスになります。たとえば私の場合ですと、小学生の頃は「女の子が好きだ」というのはありましたが、それを相手に伝える伝えないということは問題ではなくて、ただ「好き、好き」でおしまいでした。ところが、少し大きくなると、好きだという想いを相手に伝えたくなりました。ところが、それがうまく伝えられないというストレス、その想いが受け入れてもらえないかもしれないと思うストレス。実際に受け入れてもらえなかったストレス。

さらに、体と心に起こってくる問題や大人との価値観の相違もストレスになります。たとえばセックスをしたいという気持ちと、してはいけないという大人の世界からの無言の締め付け、そこに起因するストレスもあります。私たちは、そういう価値観の違いや世代間の意識の差からくるストレスのなかで生きていかざるを得ません。

こうした性にまつわるストレスについて、かつてどこかの場面で語ってきたでしょうか。

●性のストレスは発達上必要不可欠

子どもたちの心理的な発達において、性というのはどうとらえたらよいのでしょう。

「楽団あぷあぷあ」というグループで、知的障害の人や自閉傾向のある人たちとミュージカルをつくってこられたひがしのようこさんという方に、性との出会いというのは発達の上で必要不可欠なストレスだと教わり、すごく納得しました。

障害を持っているお子さんにも当然のように二次性徴が訪れます。女性であれば月経に伴う痛みやだるさ、男性であれば異性に対する性的関心の高まりや異性の体に接触したいという欲望が生まれます。しかし、みんなで行うミュージカルの上演時に、月経による腹痛を理由に休みたいと言ったら他のメンバーが困ります。個人的に好意を寄せる人と組めるようにしてもらいたいと言っても、配役をそのような理由で決めるわけにいかないことも当然です。

子どもの頃は、親元で安心・庇護《ひご》が保障されたなかで生活しています。何か思い通りにならないことがあっても、そこに親がいればそれなりに対処してもらえます。親元ではなくても、学校などでは躾や決まりごととして社会のルールをいろいろ教わることができます。ところが、二次性徴というのはある日突然訪れてきて、子どもにとんでもないストレスを与えます。二次性徴が始まる頃には、性的なことはあまり周りに言うものではないという感覚がすり込まれ、これと向き合うのは、もちろん親ではなく子ども本人となります。

たとえば、セックスしたいとか射精したいという性欲についても、その欲求が赴くままに人前で行為をしたら「とんでもない存在」になってしまいます。ですから、自分のなかでうまくコントロールしていかなければなりません。月経がつらくても、そこをある程度は我慢して、その場をやり過ごす。「何でこんなことが自分の体に起こるのだろうか」ということとうまくつき合っていく、その学習の場でもあるようです。

ひがしのさんは、この二次性徴と上手につき合えるようにならなければ社会性、協調性が生まれないとおっしゃっていましたが、これは障害を抱えた人だけではなく、すべての人にとって本当にその通りだと思います。

私自身の例で言えば、マスターベーションを何回もしていくなかで「何でオレってこんなことを繰り返しているんだろう。でも気持ちいい。でもなんか後ろめたいよな」「またこんなつまらないことに時間を使っちゃった」。いろいろ悩みましたが、結果的には繰り返し悩むことを通して学習させてもらっていたのだと、今頃になってわかりました。

生きる力を身につけるためには、繰り返し経験することが必要です。その経験のなかからいろいろ学んでいくわけです。

いまの子どもたちは、はたして、こうした性と向き合うストレスを繰り返し経験しているのでしょうか。そのストレスから学んでいるでしょうか。

月経についても、「月経が起こるのは当たり前だよ。痛かったら薬を飲みなさいね」と私も話していましたし、親が、昔より格段に快適になった生理用品を「ナプキンはこういうのがあるわ」と買い与えてくれます。学校に生理用品を持っていくのを忘れても保健室でもらえます。マスターベーションにしても、私は寮生活ゆえどこでするのか悩んでいましたが、いまの子どもは自分の個室があり、そこにテレビやビデオ、パソコンがありますから、自分がマスターベーションをする場所やその時に使う「おかず」について悩むという経験をしなくて済みます。

このように案外、思春期に自分の性というストレスと向き合うことがありません。さらに性体験の低年齢化はとくに男の子からセックスがしたいけれどできない、我慢という形のストレスさえも奪ってしまっています。

ちなみに男性読者の方は、セックスがしたいと思ったときから、実際にセックスができたときまでに何年の空白がありましたか。つまりセックスを我慢した、我慢させられた期間です。さらに、できるようになってからも、したいときにいつでもできたわけではないと思います。

そういうストレスがないなかで育った子どもたちには、ストレスとうまくつき合うことの意味や大切さを学習する機会がほとんどないのではないかと思われます。そうして育った子が、たとえばストレスからの逃避の結果についてセルフコントロールができないと、「我慢ができない」「衝動的になる」というところにつながってしまうのではないか。それこそ自殺や事件にまでいってしまうこともあるのではないでしょうか。

私は保健所にいたときから、精神障害を抱えた人とその人たちを支えるグループの活動に関わっていました。その活動のなかで、現在東京未来大学の春日武彦先生という精神科医の存在を知りました。春日先生は、「心を病むということは、その人のものごとの優先順位が周囲の人の常識や思慮分別から大きくかけ離れてしまうことである、というふうに私は定義しています」とおっしゃっていました。

「?・?・?・」よくわからないけど、何か引っかかる言葉だなと思って書き留めていたのですが、あるときすっと自分の胸に落ちました。

たとえば、自分の周りに意見が合わない人がいたとします。誰もがそのような人とかかわり合いたくないと思うでしょうが、そこは相手との関係性のなかで我慢したり、やり過ごそうとしたりすると思います。そのように対処できる人は心が病んでいない人だそうです。それが一般的な「常識」や「思慮分別」、優先順位上位の選択となります。しかし、心を病んでいる人は、他の人では選択しない方法、たとえば自分が引きこもってしまうとか、その人を殺してしまうとか、自らが自殺してその人の前から消えてしまうという選択を優先順位の上位に置くようです。要するに、自分はいま何をやるべきかという優先順位が周りの人と違っているか否かがわからないのが、心を病んでいる状況だというのです。

また一方で、その優先順位を自分ですぐに決められないということもあります。何を先にやるべきかというのが、人間関係や社会のいろいろな状況のなかでうまく決められないままでいると、後悔が残ったり、不全感が残ったり、ストレスがたまったり、ということにもなってきます。

●他人との関係性が心のありようを左右する

春日先生は、ストレスは人と人との関係性のなかで「プライドが保てない」「こだわりが解消できない」、そして「被害者意識が解消できない」ことの結果としてたまっていくとおっしゃっています。

たとえば親と子、あるいは生徒と教師、自分と好きな人、そういう人と人との関係性のなかで、自分の行動が思うようにいかず、親としてのプライドが保てない、生徒としてのプライドが保てない、男としてのプライドが保てない、要は自分のプライドが保てない。その結果を失敗と感じる、あるいは挫折する。そして、その挫折や失敗に対するこだわりが解消できない。こだわりが解消できなければ、やはり「何でだろう」と思うわけですからストレスがたまる。そして、「悪いのは自分ではなく、親や教師や相手だ」という被害者意識が解消できなくて、加害者だと思った人に対して攻撃的な態度に出てしまったり、加害者から逃避する行動に出てしまったりするわけです。

実際にストレスがたまった状態を回避するために、どんなことが起こっているのでしょうか。思春期についていえば、「キレる」「衝動的になる」「引きこもる」「自殺をする」「相手を殺す」……。これらの行動がストレスの結果であるというのは、本当にその通りだと思います。

育児不安はあって自然のことですが、児童虐待は心の病とされています。これも当然のことのようですが、じつはいま、この境目が曖昧なまま、児童虐待の早期発見ばかりに目が行った対策がとられています。しかし、児童虐待の根底は、子どもに愛着を感じ、自らの庇護の元で育てたいという思いが育っていない人が子どもの保護者になっているところにないでしょうか。そのため、うるさく、めんどうな存在である子どもを躾と称して虐待してしまうわけです。これは、心が病んだ人で想定される当然の帰結です。

一人ひとりの子どもたちを見ていますと、本当はみんな目標に向かう生活を送りたいと思っています。目標のある生活をしたいから、いろいろなことを考えて、いろいろやってみる。でも思い通りにならなくて挫折してしまう。そのとき、子どもに客観性、経験、情報、志、余裕、想像力、そういうものがあれば自分のなかで折り合いをつけることができるのですが、それがないか乏しいため、ストレスがたまっていって、そしてついにキレるということが起こってしまう、と春日先生はおっしゃっています。

私の専門分野ですと、包茎が原因で、正確に言えば包茎に関する様々な情報が原因で、引き込もってしまう、という例があります。たかが包茎と思う人が多いと思いますが、そのような人は包茎以前の問題として、人間関係がうまく構築できない、いじめられているなど、様々なストレスを抱えた状態のときに、インターネットなどの広告を見て「包茎＝劣っている人、もてない人。包茎ではない人＝優れている人、もてる人」という情報から、自分のこだわりは包茎が原因だったと思い込んでしまいます。包茎を何とかしなければこだわりが解消できないまま結果的に引きこもるという行動にでてしまう。

逆にそのようなときに、ストレスの解消法として、包茎の手術を受ける人もいます。しかし、そのような人の場合も包茎がそもそも根本的な問題ではなく、様々な人との関係性のなかでストレスが生じているため、包茎の手術をしても根本的な原因が解決されるわけではありません。その結果、次の「こだわり」が受けた手術にすり替わっていきます。どんな手術でも必ず少しは引きつったり、縫合した部分の色が違ったりすることがあります。手術で解消されるはずだったストレスが解消されないと、今度は「手術をした医者が悪い」と思い込む悪循環が断たれません。結局は、ストレスからの逃避が次々と新たな問題を引き起こしているととらえることができます。

●性のストレスを解消する基本

では、ストレスと向き合うにはどうすればよいのでしょうか。

心の病の治療を大きく分けると、薬物療法と非薬物療法に分けられます。統合失調症、躁《そう》鬱《うつ》病という古くから精神科領域の疾患とされてきたものは、きちんと精神科医のもとで薬物療法で治療することが大切です。しかし、神経症、思春期の挫折、虐待、キレる、というような問題は、カウンセリング、環境整備、家族へのアプローチ、そういうものでしか解消できません。一時的に薬物を使うことはあるでしょうが、結局はストレスをどうマネージしていくか、どうストレスマネージメント能力を身につけるかということになります。

では、性のストレスを乗り越える、あるいは解消する基本は何でしょうか。

皆さんも自分の場合に引き寄せて考えてもらえばわかると思いますが、たとえば、包茎の場合は、銭湯や温泉でお互いの裸を見せ合っていれば、「半数以上の人は包茎だから心配することはない」と客観的に思えるはずです。「おれ、マスターベーションよくやっているよな」という不安がストレスになったとき、私はどうしてそれを解消できたかといえば、寮生活ゆえ、友だちも経験しているという情報が得られたおかげで、自分が特別ではないことを知ったからでした。「なんだ、皆もそうなのか」と安心しました。周りの友だちに次々と彼氏、彼女ができていくなかで自分だけが取り残されていると思ったときには、いつかは素敵なパートナーをという志が自分のなかにしっかり持てたので（当時、トヨタ自動車の「いつかはクラウン」というコマーシャルコピーがあり、その影響を受けたのかもしれません）、焦ることなくストレスを乗り越えられました。

しかし、心に**余裕**がなかったり、自分自身の思考パターンに「おそらくみんなも同じ悩みを持っている」という**想像力**が欠如したりしていると、ストレスからの逃避を選択する可能性が出てきます。

反対に、他人の経験や情報が間違った志や余裕の無さを生んだりすることがあります。客観性も想像力を伴ったものでないと、かえってストレスになることがあります。高校1年生の1割が性体験があるという情報は、ちょっと想像力を働かせれば、9割が経験していないという客観的な事実を示していることになりますが、そのように考える余裕がない人、「人より上がいい」「人より先がいい」と考えてしまう人ですと、「早く経験しよう」という志になってしまう可能性があります。

要するに、他人との比較のなかで、どちらが上か下か先か後かではなくて、様々な人とのコミュニケーションを通して、「他人もいろんな失敗、いろんな悩みを持っているんだな」ということがわかる。自分を含め、誰かの失敗や経験に学んで、新たな目標を設定することができるようになる。これが心の病にならないコツと言えます。

しかし、その他人とのコミュニケーション自体がストレスになる場合もあります。コミュニケーションの基本であるはずの会話ができない。誰かにちょっと自分の気に入らないことを言われたら、そこでキレてしまい、コミュニケーションを絶ってしまう。要するにコミュニケーションを継続できない。そういう生きる力の弱い人たちは、誰かに学ぶことができません。そのとき、他人と関わることのストレスを乗り越えられなければ、結局は引きこもってしまうということになります。

●心・性・薬物の問題は関係性の喪失から

どの時代でも思春期の若者たちは様々な問題に直面します。しかし、表に現れた問題だけに目が行くと、対症療法的なことしかできず、その本質や、いま何をすべきかを見失ってしまいます。

心の問題は、仕事のストレスや人間関係のストレスなど、誰もが経験することで起こります。そうであるとすれば、ストレスに弱い人、ストレスを克服するのが不得手な人がニート、引きこもり、自殺などの問題行動を起こしてしまうのではないでしょうか。ニートの6割が部活動未経験者というデータ（読売新聞「若者の生活と仕事に関する調査」２００６年5月26日掲載）は、社会性に乏しく、人と人との関係性の構築が苦手な子どもたちが結果としてニートになっていることを表しているように思われます。

中絶や性感染症といった性のトラブルは、誰にでも起こり得ます。しかし、とくに二次性徴を迎えたときに自分の性のストレスときちんと向き合えた人と、向き合えなかった人とでは、トラブル回避に向けた行動選択に差が出るのではないでしょうか。

薬物の問題も複雑であり一言では言い表せませんが、タバコやアルコールがゲートウェードラッグ（入門薬物）だと言われても、実際にタバコを吸う人、お酒を飲む人がみんな薬物にはまるわけではありません。ただ、依存という観点から言うと、親子関係が良好、いい意味で親子の依存関係が成立しているお子さんは薬物にははまりません。

こう見てくると、若者の心の問題も、性の問題も、薬物の問題もすべて関係性の喪失に起因していると考えられます（図3）。

関係性の喪失を克服するためには、心の問題、性の問題、薬物の問題を切り離して考えるのではなく、すべてを一体に考えて対処することが求められているようです。

●ストレス弱者にならないために

人と人との関係性のなかでプライドが保てず、こだわりや被害者意識が解消できないとしても、そのストレスに押しつぶされ衝動的な行動に出てしまっては人間社会のなかで生きていけなくなります。では、どうすればよいのでしょうか。

性にまつわる反社会的な行為を例に考えてみてください。痴漢、レイプ、セクハラはどれも許されない行為です。しかし、許されない行為だということはみんな知っているはずです。でも、そのような行為に及んでしまうのはなぜでしょうか。

「つい」「気がついたら」「酔っ払っていてタガが外れた」など、言い訳はいろいろあるでしょうが、そもそも自分自身がそのようなことをするかもしれない存在であり、もししてしまったらどんな事態を招くかという想像力がないのではないでしょうか。

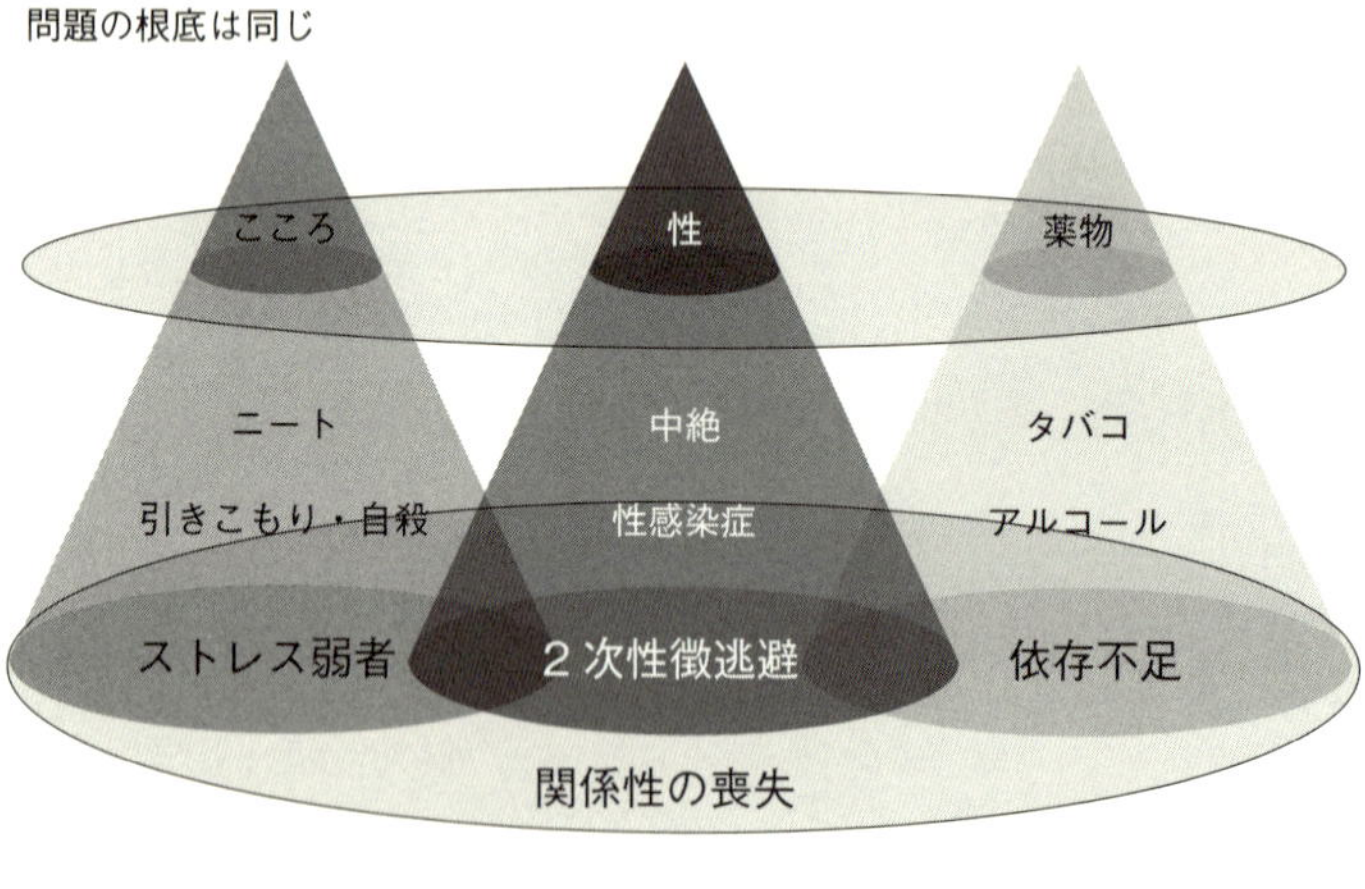

図3 若者の問題は「関係性の喪失」

私はよく、講演で子どもたちに次のような話をします。「岩室紳也も援助交際をする可能性があります。でも、しません。なぜなら、ここにいる皆さんに申し訳ないと思う関係性をいまいただいているからです。もし明日の新聞に『性教育で全国を飛び回っている医師、自称コンドームの達人、岩室紳也容疑者援助交際で逮捕』という記事が出たら、私の家族、患者さんはもとより、私の話を聞いたことがある人はすごく嫌な思いをしますよね。そんな思いを皆さんにさせたくないという気持ちが、皆さんとの関係性が私にブレーキをかけてくれます」と。

痴漢などの性犯罪で逮捕者が出ると、その上司や管理監督責任者という立場の人が「職員の綱紀粛正に努めたい」と陳謝することがありますが、どうやって痴漢をする可能性があるすべての人を管理監督するのでしょうか。子どもたちはそのような無責任な謝罪を聞くたびに、ますます痴漢を他人事と思うのではないでしょうか。被害者はどのような嫌な思いをするか、家族や関係者にどのような迷惑がかかるか、といった想像力を養わせなくてはいけません。

ストレス弱者にさせないためには、一般論やあるべき論を伝えるだけではなく、自分という存在、人間という存在はか弱く、自分一人では自分の身を律することが難しいからこそ、多くの人といろいろな話をしながら支え合うサポート環境が必要であることに気づかせることが大切です。

●カウンセラーよりカウンセリングマインドを

誰かと話すことが大切だというのは、「カウンセリング」の考え方からも学べます。

日本でもスクールカウンセラーの必要性が叫ばれ、学校で事件があったり地震などの自然災害があったりすると、マスコミはスクールカウンセラーの派遣と活用を訴えます。しかし、そのような報道を聞くにつけ、私はなぜかすっきりしませんでした。

カウンセリングの基本は、「答はその人のなかにある」という考え方です。だからこそ、カウンセリングでは、自分が何を考え、何を求めているかを、自分の言葉として語ることを前提に、カウンセラーと話すなかで自分の課題を見出し、解決方法を探っていくのです。ところが、自分の意見を言う訓練ができていない子どもたちが、はたしてスクールカウンセラーを活用できるのでしょうか。

アメリカでこのカウンセリングが普及したのには、理由があります。徹底した個人主義と自己責任を求めるアメリカ社会においてさえ、一方では、結局のところ人は、何が正しいのか自分はいま何を選択すべきかを一人では決められない存在だということを認めざるを得ず、そのことを十分認めたうえで個人主義による関係性の喪失を補完するために、カウンセラーという新たな職種が必要だったのです。アメリカでは、きちんと自己主張ができるよう、子どもの頃からディベートなどのトレーニングをしていますから、カウンセラーの機能を上手に活用することができるのでしょう。

カウンセリングが日本に定着するかどうかはわかりませんが、少なくともカウンセリングマインドを多くの人が持って、関係性の再構築にあたることは急務のようです。

●インターネットの普及と関係性の喪失

インターネットは情報を氾濫させる悪者という意識でとらえられがちですが、はたしてそのような視点だけでよいのでしょうか。51ページでも見た15歳〜19歳の人工妊娠中絶率の推移を私が生まれた１９５５年から２００６年の52年間で見ると、興味深いことに気づかされます（図４）。

テレビも、いわゆるポルノ映画もあまり普及していなかった１９７０年代半ばまでは、人工妊娠中絶率はほぼ横ばいです。この時代は情報も少なく、人と人との関係性も充実していた時期です。

しかし、私が大学に入学した１９７５年から急速に上昇しています。この頃、確かに性情報が解放され、その後アダルトビデオも普及したことをとらえれば、まさしく性情報解放期と言えるでしょう。ただ、情報の解放に影響され、人工妊娠中絶率が増えたのは1000分の3であり、その後はほぼ横ばいの状況が続きます。1994年に横浜で国際エイズ会議が開催され、私も性教育に本格的に取り組み始めた頃に人工妊娠中絶率も急騰し始め、その頃はインターネットの普及が主たる要因だ、情報氾濫が大きな問題だと考えていました。しかし、人工妊娠中絶率が急騰し始めた当初、インターネット普及率はまだ14％程度でした。

それどころか私たちは1980年代後半から1990年代半ばに起こった、関係性の喪失が原因と思われる象徴的な事件を見逃していたようです。引きこもり

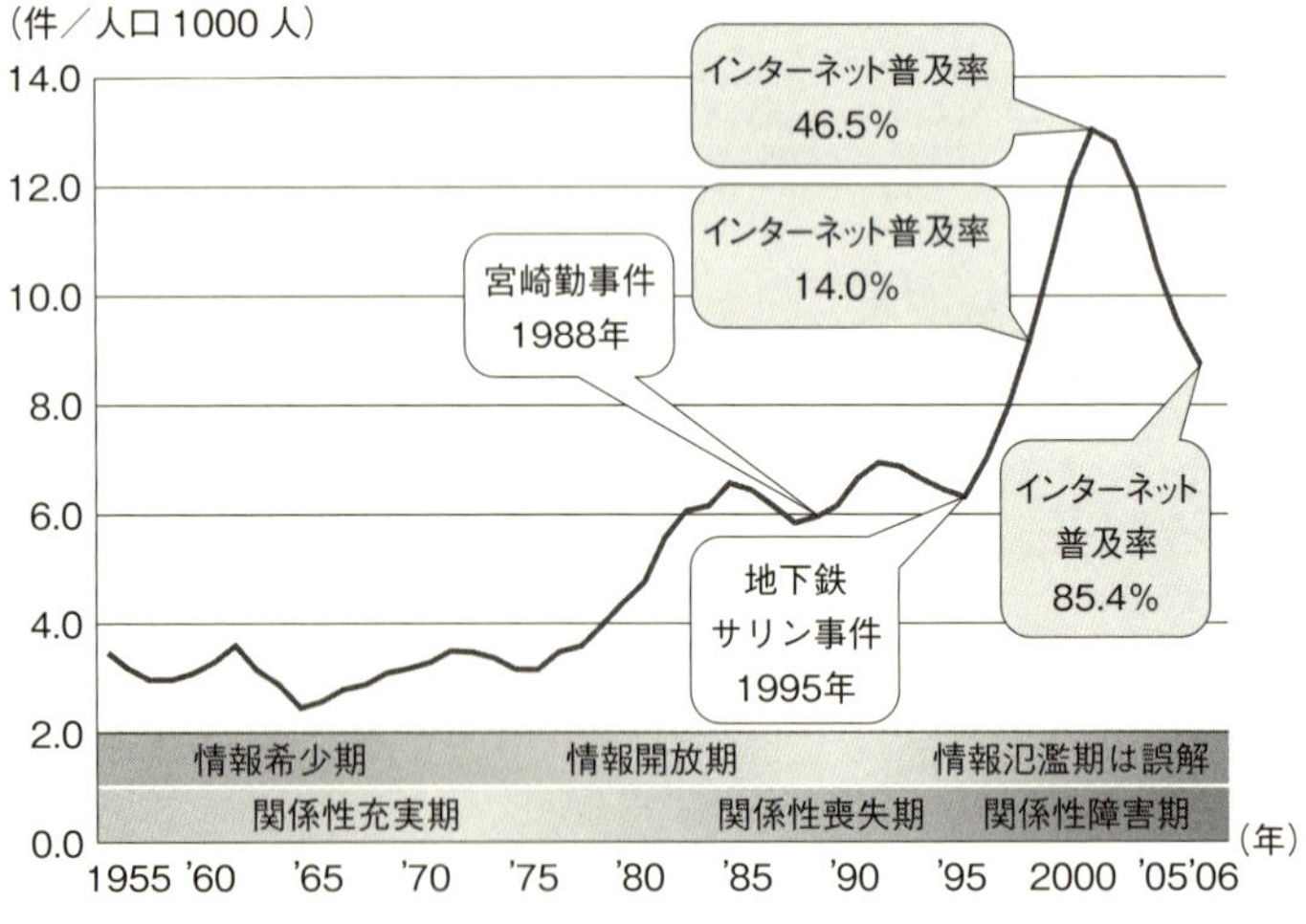

図4　15〜19歳の人工妊娠中絶率の推移と情報、関係性の影響（出所：厚生労働省「平成18年度保健・衛生行政業務報告」）

とオタクのはしりの宮崎勉事件も、優秀だと評判だった人たちが集団殺人まで犯してしまったオウム真理教による地下鉄サリン事件も関係性喪失期の象徴的な事件ととらえられないでしょうか。インターネットの普及率が50％を超えるや否や、逆に人工妊娠中絶率はどんどん減少しています。性教育もそれなりに成果をあげているでしょうが、これは先に述べたように、セックスができない、セックスをしなくてもいいと考える若者、とくに男子が増えているのも理由の一つだとすると、今はまさしく関係性の障害が固定された「関係性障害期」と考えられます。そうであれば事態は深刻で、関係性の再構築に向けた取り組みは一刻の猶予も許されません。

●思春期を経験していない若者たち

このように書くと、「思春期は当たり前のように経験するものではないのか」と反論する人が多いでしょう。しかし、自分の体の変化に悩み、二次性徴に悩み、自分の心の変化に悩みながらも、それらの事実と向き合いながら、そしてそれらの悩みを仲間と共有し、共に乗り越えていくのが思春期ではないでしょうか。だとすると、今の若者たちは思春期を経験していないと言っても過言ではないのかもしれません。

Ⅲ章　知られていない性感染症・エイズの本当の姿

1・若者の性・性感染症・エイズの実情

●高校生の4割がセックスを経験

ここであらためて、いまの若者の性、それに関わる性感染症、エイズ、人工妊娠中絶の状況はどうなっているのかについて、詳しくみていきましょう。

東京都の児童・生徒の性に関する調査をみると、中学3年生の女子で初交経験率は9・8％、男子で4・3％、高3では女子が44・3％、男子が35・7％という状況になっています（東京都幼稚園・小・中・高・心障性教育研究会編『2005年調査 児童・生徒の性―東京都小学校・中学校・高等学校の性意識・性行動に関する調査報告―』学校図書、2005年）。

この率を下げるには、あるいは中学生・高校生がセックスをしないようにするにはどうしたらよいのでしょうか。もちろん、いろいろな視点から様々な切り口が考えられると思いますが、私は、コミュニケーションのある環境を提供することによって、コミュニケーション能力をきちんと身につけさせることが重要だと考えています。

ある女の子は、私の講演を聞いた後に、次のような感想文を書いてくれました（私の講演をどう受け止めたかを知る意味でも、できるだけ感想文を書いてもらい、それらをすべて読むことにしています）。

「私は恋人ができても、相手が望んでいようが、相手に嫌われようが、結婚するまでは性行為はしたくありません。私は『自分を大切にしろ。自分の行動に責任を持て』といつも言っている両親を誇りに思っているからです」

私の話のなかには、「自分を大切にしよう」とか「自分の行動に責任を持ちましょう」といった言葉は一つもありません。しかし彼女は、コンドームも含めた私の話を通して、ご両親がおっしゃっている、結婚までセックスをしないことの意味を再確認してくれました。コンドームを教えることはセックスを奨励していることにつながる、と思っている方もいらっしゃるようですが、そのようなことを彼女に言ったら笑われてしまうでしょう。

初交経験率を下げるためには、このように「セックスをしないあなたでいてほしい」という親からの、大人からのメッセージを送ったうえで、そのメッセージの意味を確認するためにも、セックスをするとどういうトラブルが起こるのかということを、いろいろな角度から子どもたちの心に響く方法で伝え、彼らが友だちとそのことを繰り返し確認することが重要

血10万人当たり2・06という結果です（図7）。ところが、HIVに感染している妊婦の割合は、その倍以上で、子どもの出生10万人当たりの妊婦の感染率は3・76です。

妊婦さんでエイズ検査を受ける人というのは、あくまでも望んだ妊娠の結果、出産を選択した人です。その人たちには妊娠、出産時の母子感染予防を目的にエイズ検査が勧められます。中絶を希望する人は、最初からエイズ検査の対象になりません。ですから、献血で感染がわかる人よりも、望んで妊娠して自分のHIV感染を知る女性の方が倍以上多いということの事実は、かなり深刻な問題です。

性行為でHIVに感染しないためには、性行為を行わないか、コンドームを使うか、双方がエイズ検査を受けるかのいずれかを選択

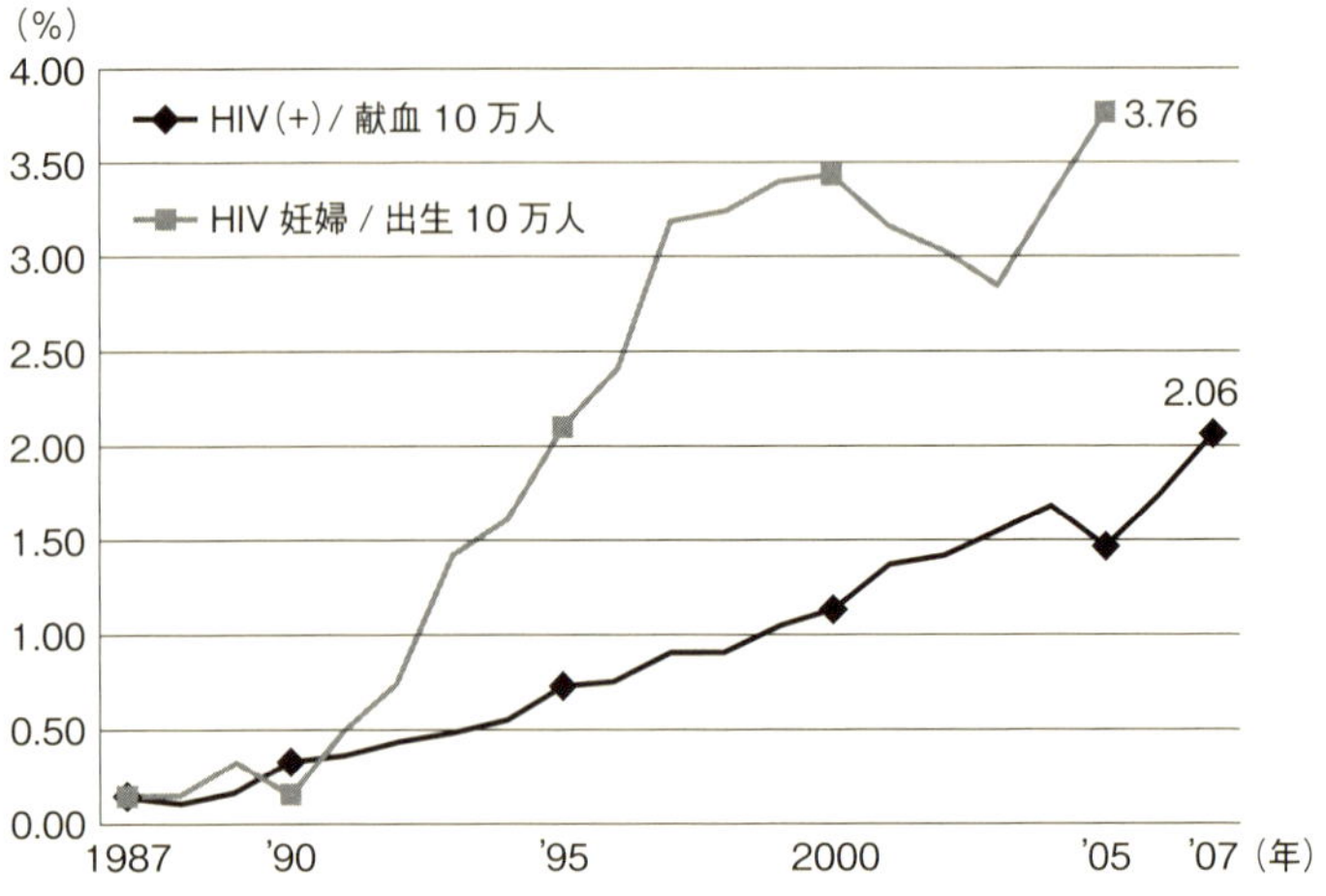

図7 献血・妊婦におけるHIV感染率（出所：エイズ動向委員会報告、2007年）

するしかありません。

しかし日本では、感染してもエイズを発病するまでエイズ検査を受けない人が増え続けているように、エイズはまだ他人事だと思われている状況があります。そうした状況のなかで妊娠をするということは、HIV感染のリスクが非常に高い性行為をしているということを意味します。

いないという、コンドームを使わない、あるいは最初から最後まで確実に使っていないという、HIV感染のリスクが非常に高い性行為をしているということを意味します。

献血でHIV感染が判明する人の割合は、すなわち自分が感染していることを知らない人たちの割合と考えられますが、その倍のペースで妊婦さんのHIV感染が広がっているというのは、献血をしている集団よりも、HIV感染に関してはさらにハイリスクな（妊娠を希望しコンドームを使用しない）行動をとっていると言えます。

「できちゃった婚」という言葉が市民権を得ているように、妊娠が判明したら結婚することに抵抗感のない人が増えていますが、HIV／AIDSの予防を考えたときには、「子どもができちゃったらその人と結婚すればいいんだから、コンドームは使わない」という風潮は非常に危険だと言わざるを得ません。

●増えている同性間性的接触による感染

まず、どうして「同性間性的接触」という言葉が使われているかを説明しておく必要があります。

男性間の性的接触を行う人たちは、ＭＳＭ（Men who have sex with men）と呼ばれますが、この人たちは必ずしも同性愛者、ゲイ（Gay: 同性愛者と同義語）とは限りません。両性愛者もいますし、性的嗜好と関係なく同性と性的な行為を行う人もいます。エイズ関連の統計をとるときには、性的接触の相手が異性か同性かで区別しています。

ＨＩＶに感染して平均10年でエイズという状態になる（発病する）わけですが、男性同性間の性的接触によるＨＩＶ感染とエイズの発病が増えています（図６）。ＨＩＶ／ＡＩＤＳ予防を考える上で同性間性的接触者の状況に学ぶことが大切です。

エイズを発病して初めて自分がＨＩＶに感染していることに気づく人が増えているということは、ＨＩＶに感染しているにもかかわらず検査ということ自体思い浮かばない、感染は気になるけど検査を受けたくない、あるいは受けられない人が多いということを表していま す。ＨＩＶ感染が確実に増えている同性間性的接触の人たちの間でさえもＨＩＶを身近な問題と考えていない、考えたくない、考えないようにしたい、他人事にしておきたいとして発病するまで10年余り放置している人が少なくないことを表しています。

一方で、ＨＩＶ感染が増えている理由、すなわち、エイズを発病する前にエイズ検査を受けてＨＩＶに感染していることが判明する人が増えている理由は、ゲイのコミュニティのなかで感染に気づく仲間がどんどん増えているために、「もしかしたら、自分も感染しているかもしれない。じゃあ検査を受けよう」ということで、積極的に検査を受けるような状況があるからです。

では、「同性間性的接触」の人たちが、仲間のなかでＨＩＶ感染が広がっていることに気づきやすいのはなぜでしょう。

ゲイの人たちは、少なく見積もっても男性人口の２００人に１人はいるといわれています。多い推計では20人に１人といわれます。私は講演の中では50人に１人と話しています。ゲイの人が２００人に１人としても、同性間性的接触でＨＩＶに感染もしくはエイズを発病した人の数は、２００４年に彼らの人口の１％を超えたことになります。

１％を超えることにどういう意味があるのか。これは、タイ国のエイズ対策に取り組んだ人たちから学びました。

タイはエイズ対策に成功した国といわれています。タイでエイズ対策に取り組んでいる人たちに「どうやってタイは成功したんですか。どうしてここまで積極的にコンドームのプロモーションをするようになったんですか」と尋ねました。

「じつは、われわれも最初はコンドーム教育に対してなかなか理解が得られず、うまく対策が進められなかったのです。だからどんどん感染が広がっていきました。タイも最近でこそ治療薬が手に入るようになったものの、昔は治療薬がなかなか手に入らなかったんです。そのため、エイズを発病すれば死に至る。そこに選択の余地はなかった。そしてあるとき、気がついたら周りで親戚、知り合い、会社の同僚、いろんな人が次から次へと若くして死んでいく。それもどうも風の便りによるとエイズだと……。それが住民の一人ひとりの危機感として受け止められるようになりました」と。それが、人口の1％を超えたあたりからだったと言われています。

いま、日本のゲイのコミュニティのなかでも、1％以上がＨＩＶに感染したという状況のなかで、「あの人も感染している」「あの友だちもエイズを発病した」という話をよく耳にするようになり、「やっぱり自分も検査を受けなきゃいけない」ということにゲイの人たちが気づいたのだと思います。

●同性間だとコンドームが使えない

男性同性間性的接触でこんなにもＨＩＶ感染もエイズ患者も増えているのに、どうしてこの事実から目をそらし、コンドームを使わないのか、私は理解できませんでした。そんな私に、「岩室さんたち異性愛者はいいよ」とつぶやいた人がいました。

男どうしのセックスだと絶対に妊娠は起こりません。だからコンドームはＭＳＭにとっては性感染症予防の手段ということになります。そこでコンドームをつけて欲しいと言うと、次のような会話になってしまうそうです。

A郎「（コンドーム）使おうよ。」
B雄「オレを疑っているのか？　それとも、お前、病気持ちか？」
A郎「疑うなんてとんでもないよ。」
B雄「オレも言い過ぎた。」
A郎「大丈夫に決まっているよね。」

異性間のセックスで男性パートナーがコンドームを取り出せば、女性は「私が性感染症をもっていると疑っているの」とは思わず、「望まない妊娠を避けてくれる思いやりのあるパートナー」と受け止めるでしょう。

望まない妊娠を避けようと使ったコンドームが、結果的に性感染症・エイズの予防になっているのです。

●異性間性的接触によるエイズ患者数はなぜ横ばいか

ＭＳＭの人たちの増加と比べて、異性間性的接触によるエイズの患者数は、ここ５、６年横ばい傾向が続いています。これは男女とも同様です（図６）。

なぜ横ばいなのでしょうか。これはなかなか説明が難しいのですが、私は次のような理由ではないかと考えています。

ＨＩＶに感染している人たちの統計には、検査を受ける受けないの意識が影響してきますが、エイズの場合は必ず発病した状態ですから、ほぼ全数が捕捉されます。ですから、エイズの患者数が横ばいに推移しているということは、その人たちが感染したであろう５〜10年前に何らかの啓発が行われ、そこで育まれた意識が感染予防によい影響を及ぼしている可能性があります。

１９９４年、国際エイズ会議が横浜で開催されましたが、そのときタレントの方を含めて多くの人が、テレビなどのマスコミを通して「エイズ予防にコンドーム」など、様々なメッセージを流しました。その結果、現在のエイズ発病が横ばいという状況が生まれたのかもしれません。

しかし、最近はエイズ報道が非常に少なくなっているので、今後再び異性間でもＨＩＶ感染、エイズ発病が増えていく可能性があるのではと懸念しています。

●若い女性と年配の男性に多いクラミジア感染

学校にいる養護教諭の先生たちは、性感染症、とくにクラミジアに感染する子どもたちが増えていることを実感しています。それを裏付けるかのように、性感染症、とくにクラミジアが若者に蔓延しているという実態が報告されています。

クラミジア蔓延の実態を如実に表すデータがあります。それは1年間に1000人の一般女性あるいは男性をフォローした場合、1年後に何人がクラミジアに感染するかというものです（図8）。それによると、

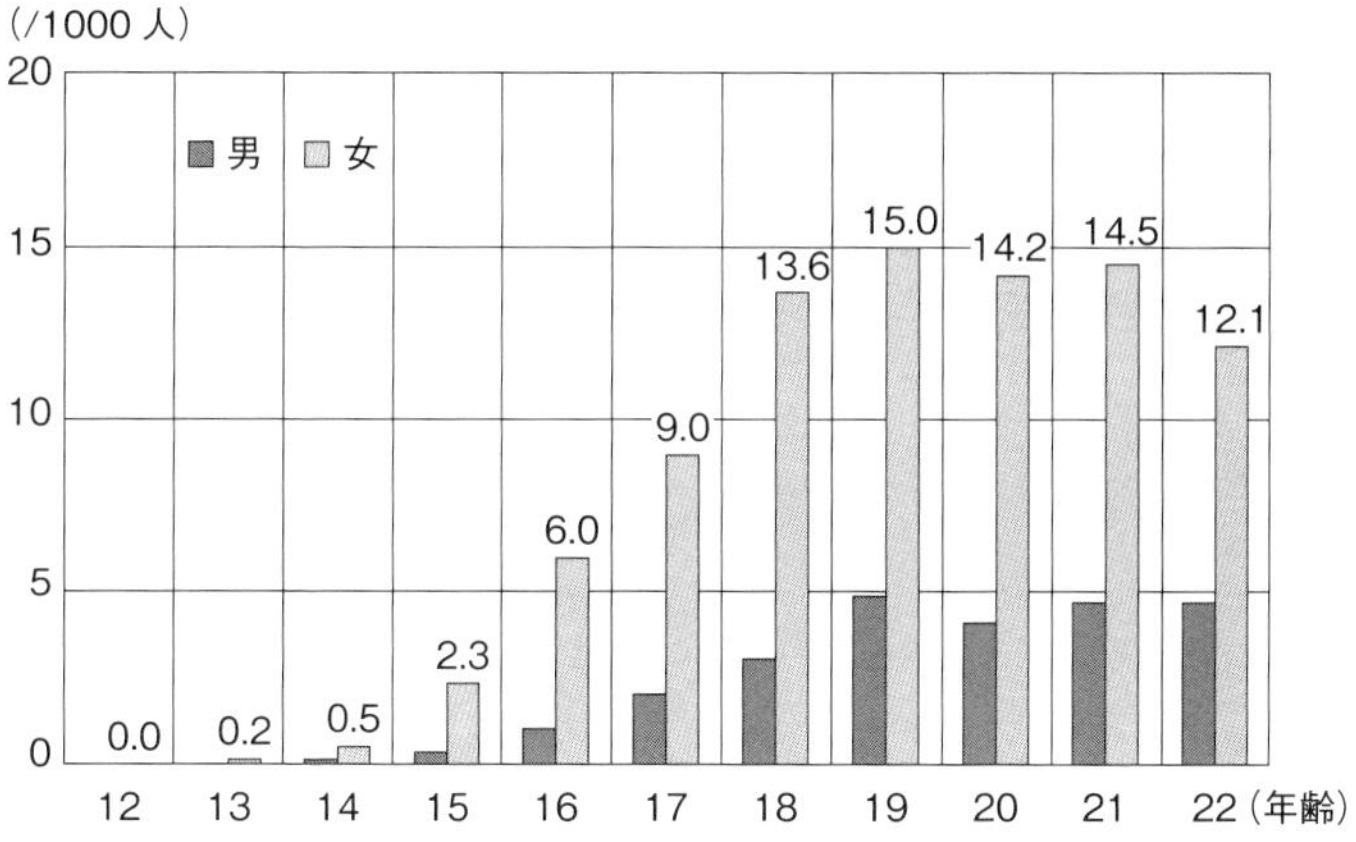

図8 若年者のクラミジア年対罹患率（熊本悦明、他「日本における性感染症（STD）サーベイランス―2001年度調査報告―」日本性感染症学会誌13：147－167、2002年）

20代前半の女性１０００人を追いかけると、12・５人がクラミジアに感染するといわれています。18歳だと13・６人、19歳だと15・０人。18歳から22歳くらいまでの人が１００人いると、１年間にだいたい１・５人前後がクラミジアに感染しているという状況です（熊本悦明、他、日本における性感染症〈ＳＴＤ〉サーベイランス—２００１年度調査報告—、２００２年）。この状況は10代の人工妊娠中絶率とほぼ同水準となっています。

クラミジアの感染状況を年代別・男女別にみますと（図９）、10代から20代までの若い世代では、感染する人の割合は、女性の方がはるかに高くなっています。

なぜ女性の方が高いのでしょうか。そ

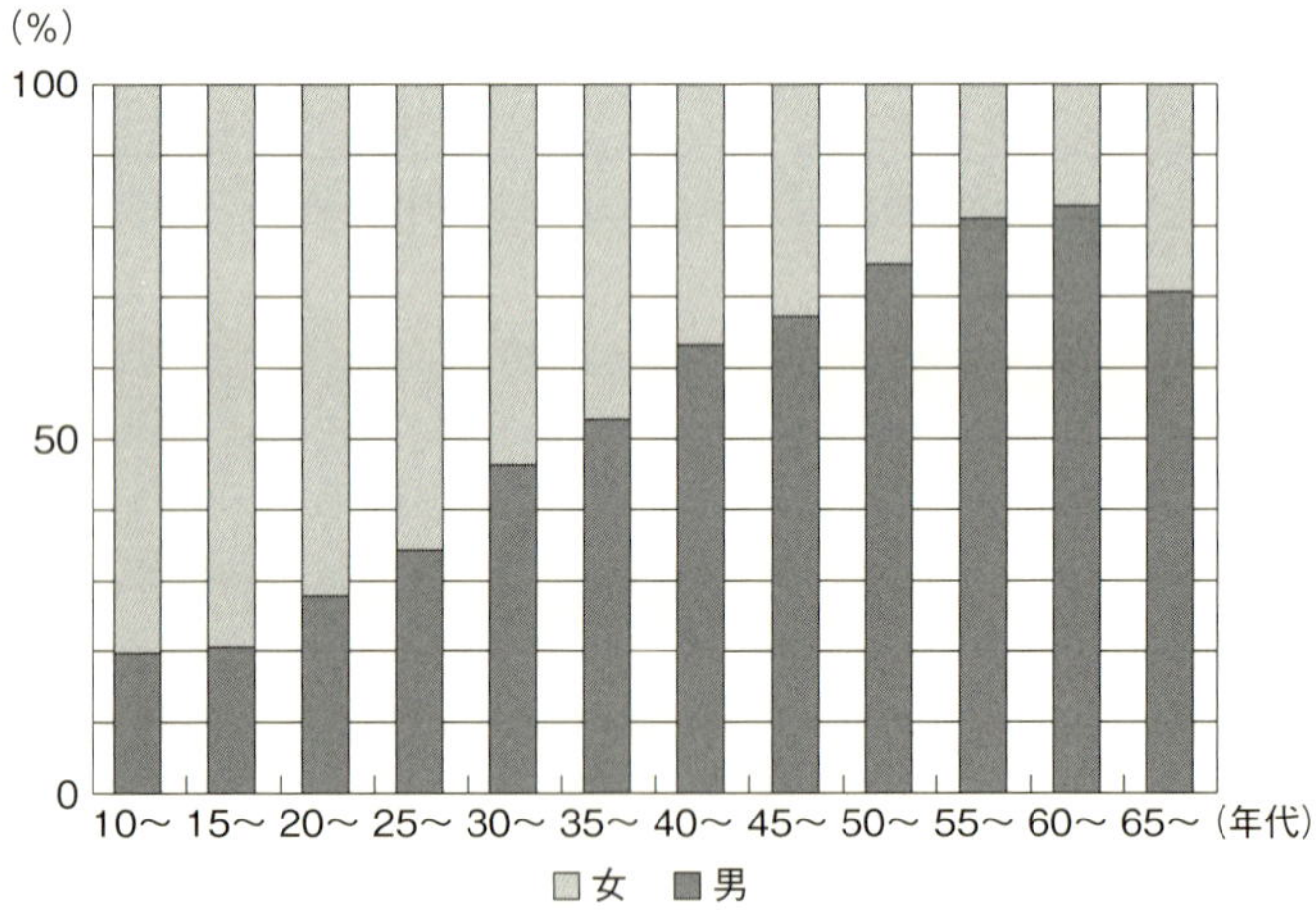

図９ クラミジア罹患率年代別男女比（出所：熊本悦明、他「日本における性感染症（STD）サーベイランス—2001年度調査報告—」日本性感染症学会誌13：147-167、2002年）

れはパートナーが性感染症を持っている場合、男女間の膣とペニスによるセックスでは、女性の方が解剖学的に性感染症をもらいやすい構造になっているからです。

クラミジア、ＨＩＶでいうと、男性が感染している場合、射出された精液に含まれている病原体は膣内に放出されるだけではなく、精子の動きによってさらに子宮から腹腔内に運ばれていきます。感染する場所は女性では膣、子宮、さらに腹腔内になります。一方で女性が感染している場合は膣分泌液に含まれている病原体が感染する主な場所は男性の尿道とその奥にある前立腺、精巣上体、精巣になります。ただ、男性の尿道のなかに入ってくる病原体の数は、射精や排尿のため、実際には少なくなります。女性の方が男性より感染しやすくなるのはこのためです。

たとえばＨＩＶの場合では、男性の方が10倍感染しにくい、女性の方が10倍感染しやすいといわれています。したがって、1対1のセックスであるならば、女性の患者が増えていく道理です。

●若い世代の感染は特定のパートナーから

現に、クラミジアは若い世代では女性の感染者の方が多くなっています。これは1対1のセックスで感染しているためと思われます。逆に年配者、50代60代では男性の方が多くなっています。これは男性が買春、風俗などで一人の女性から複数の男性が感染しているためだと思われます。

では、HIVはどうでしょうか。日本国籍の異性間性的接触によるHIV感染者を男女比でみると、若い世代では女性の方が多くなっています（図10）。

臨床の現場でも、若い世代のクラミジア感染は特定のパートナーからという状況がよくみられますが、それと同じ傾向がHIVにもあります。すなわち、若い世代では性感染症としてのクラミジア、HIVは、不特定多数とのセックスや買売春でうつるのではなく、1対1のパートナーとのセックスで感染が広がっていることを示唆しています。

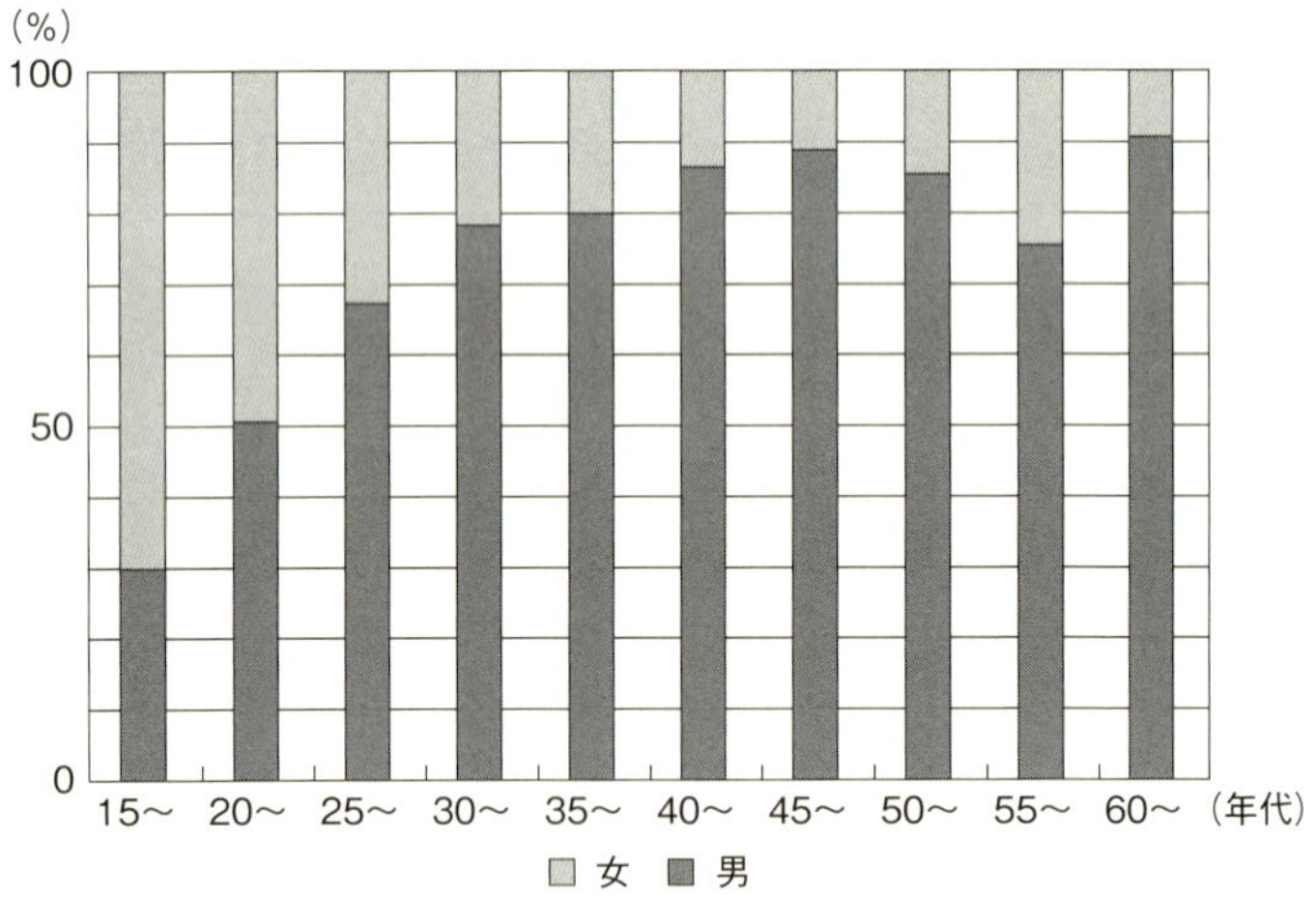

図10 異性間性的接触で感染した日本国籍HIV感染者年代別男女比（出所：エイズ動向委員会報告、2007年）

●HIV感染のハイリスク

ここであらためて、HIV感染のハイリスクとは何かを整理したいと思います。HIVに感染するリスクは、二つの段階に分けて考える必要があります。一つは、その行為を行う相手や、その行為のなかで受け取る体液のなかにHIVが入っている可能性が高いか否かです。もう一つは、行う行為自体が、HIVを受け取る確率が高いか否かです。

同じ血液でも、輸血の場合は、それが日本国内なら献血された血液はNAT検査（ウイルス核酸増幅検査）までされているので、感染の可能性は極めて低いと言えます。一方で、薬物の廻し打ちをする注射器に含まれる血液には、大きな感染リスクがあると言えます。

コンドームなしの性行為がハイリスクな行為であることは間違いありませんが、10代の女性に望まない妊娠が多いにもかかわらず、若い世代で今のところHIV感染が顕著ではないのは、行為がハイリスクでも、パートナー集団の感染率が今のところ低いためです。

同性間性的接触者という集団のなかでのHIV感染率は異性間性的接触者という集団に比べて高いのですが、コンドームなしのアナルセックスというハイリスクな行為をしていない同性間性的接触者という集団はローリスクとなります。

このように、行為として何がハイリスクかを正確に知っておくことは、予防啓発活動や実際に感染している人の支援を行ううえで大変重要です。

たとえば、アナルセックスは必ずしも男性同性間性的接触における性行為ではなく、異性間でもアナルセックスを行っている人が少なからず存在しています。

前著『エイズ―いま、何を、どう伝えるか―』にも書きましたように、直腸のなかに射出された精液は、浣腸でもして積極的に体外に出さない限り、次に排便するまでずっと直腸のなかに止まることになります。直腸のなかに射出された精液や体液は、全部そのまま体のなかに残っていますから、長時間、直腸粘膜と接触して、そこからＨＩＶが感染するＣＤ４陽性リンパ球が存在する血管のなかに吸収されていきます。

男女間の膣を用いた性行為の場合、女性の膣や子宮のなかに射出された精液は、女性が体を動かしただけで、大半が体の外に出ていってしまいます。それでも、子宮を通して男性から女性にＨＩＶ感染が起こっているわけですから、アナルセックスでＨＩＶ感染がより起こりやすいということは容易に理解できると思います。

ちなみに、時々高校などで「アナルセックスは危険ですか」という質問が生徒から出ることがありますが、質問に答える際に「異性間ではアナルセックスは妊娠しない行為と考えて行っている人がいますが、ＨＩＶ感染のことを考えると非常に危険な行為になることを忘れないでください」と話すように心掛けています。

このような情報は、私がＨＩＶに感染している人の診療をする際に、その人たちの性生活に関する支援をするうえで大変重要になります。こう書くと、「ＨＩＶに感染している人が性生活を営むということはパートナーに感染させる可能性があり、好ましくない」と思う方もおられるようです。当然のことながら、感染しているその人自身がそのことを一番わかっていると思います。感染しているご本人こそ、予防の視点が大切です。

近年、ＨＩＶを抑える薬の開発が目覚ましい一方で、薬の飲み忘れによる耐性ウイルス、薬が効かないウイルスの出現が問題になっています。たんに相手に感染させないためだけではなく、自分自身が現在持っているＨＩＶが薬に効くタイプであればなおさら、耐性ウイルスを自分の体に入れないためにもノーセックスやコンドームの徹底使用の重要性を話します。そして万が一、コンドームが破れた場合には、「浣腸することで、直腸のなかの体液を体の外に出しなさい」というところまで話すようにしています。

●10代人工妊娠中絶率が低い地域の本当の理由

２００１年の15歳から19歳の人工妊娠中絶率は人口１千人当たり13・０人です。これは当時のクラミジアに感染する人の率とほぼ同じです。クラミジアの感染率と人工妊娠中絶率がほぼ一致するのは、10代の人たちにピルがほとんど普及していないので、コンドームを使わずにセックスをしたことの結果であるクラミジアの感染や、妊娠がおきているためです。

ところが、人工妊娠中絶率を都道府県別にみますと（図11）、かなり格差があります。佐賀、福岡、鳥取、熊本が高く、低いのは奈良、山梨、島根、茨城です。都道府県間で3倍くらいの差がありますが、このデータがどういう意味を持つのかということは一概には言えません。

というのは、ある地域に講演に呼ばれたとき、そこは人工妊娠中絶率が低いところでしたから、「性教育に成功しているのに、どうしてそんなに一所懸命活動するのですか」と尋ねたところ、「人工妊娠中絶だけでみると、そのように見えるかもしれませ

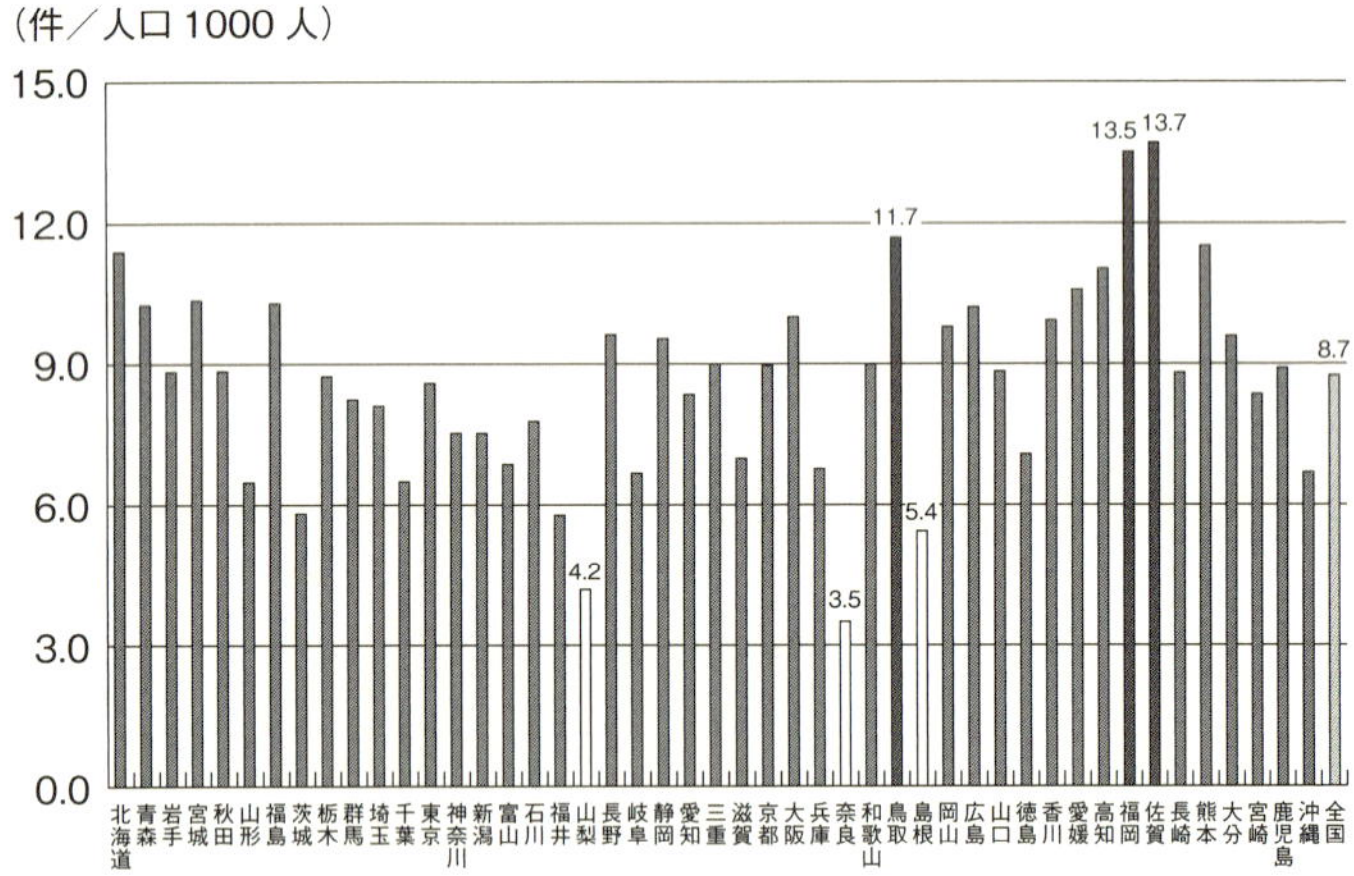

図11 15〜19歳人工妊娠中絶率（2006年都道府県別、出所：厚生労働省「平成18年度保健・衛生行政業務報告〈衛生行政報告例〉結果の概況」）

んが、じつは中絶時期を過ぎてしまった望まない出産が増えているのです」と、保健師さんたちは危機感を語っていました。人工妊娠中絶ができる妊娠満22週未満までに、妊娠に気づかず中絶の手続きをとらなければ、出産するしかないわけです。

親が育てられない赤ちゃんの命を救うべく設置された「赤ちゃんポスト」に対して、以前であれば私自身も異論を唱えていたと思います。しかし、自分が妊娠していることにすら気づけない若者たちの現状を目の当たりにしたとき、自分の価値観だけで判断できないことが多々あることにあらためて気づかされました。

2・性感染症・エイズを防ぐには

性感染症・エイズが減らない理由の一つには、エイズ教育でよく言われる「不特定多数とのセックスが危ない」という不正確な情報のために、「私の場合は『不特定』ではない」と考えて予防行動がとれていないという可能性があげられます。

これは以前だったら言えなかったことですが（いまでは言っても誰ということが特定できないくらい患者が増えているので話せます）、じつは、HIV／AIDS患者さんのなかには医療関係者が何人もいます。私自身、HIVに感染している医者は知りませんが、パートナーが医者だという人は複数知っています。また、エイズ関連のボランティアをやっていたにもかかわらず感染している人も知っています。教育関係者、学校の先生のなかでも感染している人を複数知っています。コンドームを使っていたのに破れて感染した人もいます。大企業になれば、当たり前のように感染している社員が何人もいます。マスコミ関係の人と話をしていると、「知りあいで感染している人が何人もいます」と語る方がこれまた何人もいらっしゃいます。

●HIV感染を広げる「他人事意識」

なぜそういうことになってしまうのでしょうか。

パートナーとのセックスで感染したという医療関係者の女性に「どうしてコンドームなしでセックスをする前に、相手の方にエイズ検査を受けてください、あるいは一緒に受けましょうという会話にならなかったのでしょうか」と聞いたことがあります。彼女は「HIV／AIDS患者を扱っている病院に勤務し、身近で患者さんに接していたにもかかわらず、自分のパートナーだけは大丈夫だろうと思ってしまったのです。本当に不思議ですよね」と言っていました。

『神様がくれたHIV』（紀伊國屋書店、2000年）という本を書いた北山翔子さんも、

HIVに感染したときに、なぜか自分のパートナーだけは性感染症をもっているはずがないと思ってしまったと書いています。これも、知識があっても、他人事意識だと役に立たないという例です。

北山さんの経験に学んでみましょう。

皆さんだったらどうでしょうか。HIVが広く蔓延している国、成人の10人に1人が感染しているという状況にある国に、あなたがエイズの知識を持ったボランティアとして行ったと仮定します。そこで現地の恋人ができた。その人とコンドームなしでセックスをする前に、(あなたは)その恋人に、「あなたが感染している可能性は高いから」といってエイズ検査を求めるでしょうか。

すでに1万人に1人の割合でHIV感染が判明している日本にいるあなたは検査を受けていますか。現実のこととして意識できていますか。推計では2千人に1人が感染していると言われています。そう言われても、あなた自身はおそらく検査は受けないのではないでしょうか。なぜなら、自分は2000分の1999だと思うでしょうから。

では10人に1人が感染している国で現地のパートナーができたとき、そのパートナーを前にして、この人は10人に1人の感染している人と思うでしょうか。それとも10人の9人の感染しない人と思うでしょうか。感染していないという確率の方が約9倍高いわけですから。

「おそらく自分のパートナーは10人のうちの9人の方だろう。ここではそう簡単にエイズ検査は受けられない。面倒くさい。ま、大丈夫でしょう」と思うのではないでしょうか。

もしその人に「検査を受けてね」とか「一緒に受けようね」と言うには、それまでに相当なコミュニケーションがとれている必要があります。「もしあなたが感染していても、私たちは結婚しようね」、あるいは「もし感染していたら、子どもをつくるときは、体外受精なり、治療しながらの妊娠ということを考えて……」というようなコミュニケーションの結果として、初めて「検査を受けましょう」ということになるのでしょう。そうでなければ、万が一の場合を心配するよりも、「検査を」と言い出せない状況が勝ってしまうのではないでしょうか。

●他人事意識を生むＨＩＶ感染経路の分類

ここで、これまでのエイズ教育で、エイズがどのように教えられてきたかということを振り返ってみましょう。

「ＨＩＶの感染経路は?」と聞かれると、「血液、母子、性行為」と答える人が多いと思います。

しかし、この教え方が他人事意識を生んでいます。表1を見てわかるように、「血液」と

表1　HIVの感染経路の正確な伝え方

従来の教え方	HIVの存在場所	HIV感染での人間関係	HIVに感染する行為
血液	○	献血者、日赤医者、患者	薬害、輸血 薬物廻し打ち
母子感染	血液、母乳	○	出産、授乳
セックス	精液、膣分泌液、血液	恋人、買う人 売る人、夫婦	○

いうのはＨＩＶが存在する場所、「母子」というのは母と子という人間関係、「性行為」は文字通り行為です。なぜこのような分類になったのでしょうか。

本来、ＨＩＶの存在場所という視点から説明するのであれば、母子感染は「血液・母乳感染」、性行為感染は「精液・膣分泌液・血液感染」と言わなければなりません。人間関係に着目して整理するのであれば、血液感染は「献血者↓日赤↓医者↓患者関係」、性行為感染は「恋人関係、買う人と売る人関係、夫婦関係」となります。行為で整理するのであるなら、血液感染は「薬害・輸血・薬物回し打ち行為」、母子感染は「出産・授乳行為」と言わなければなりません。

エイズ教育には、国もかなり早い段階から取り組んできましたが、取り組み始めた時期が早かっただけに、様々な問題を内に抱えていました。

エイズ教育に取り組み始めた段階ではまだ、薬害エイズ裁判が決着していませんでした。さらに輸血の問題。最近は、日赤などでもＰＲしていますが、献血に使われる血液は現段階でも決して１００％安全ではありません。ウィンドウ・ピリオド、すなわちＨＩＶに感染してから検査で感染が明らかになるまでの期間は、現在でもまだ1～2週間あります。よって、献血血液には一定のリスクがあるのです。

「薬害エイズは○○の責任ですよ」ということで決着していない、あるいは表明できないがため、このような表現を使えなかったことも、「血液感染、母子感染、性行為感染」という曖昧な表現になった理由の一つではないかと思っています。

でもこれからは、伝える側が輸血、セックスといった行為を、当事者意識をもち、自分のこととして子どもたちに伝えることが必要です。

●感染経路としての性交を教えないと…

いま小学校では、「性交」をＨＩＶの感染経路として教えることができない、教えることについてのコンセンサスが得られていない、ということは理解できます。しかし、他人事意識に加え、情報が一部伝えられないとどのような問題を起きるか、考えてみましょう。

私は、ある地方の中学校に呼ばれたときに、次のようなアンケート調査をしたことがあります。その中学ではエイズ教育はまったくしていませんでした。

中学1～3年生に、「あなたは小学校でエイズについて学習しましたか」と聞きました。生徒は複数の小学校から来ていましたが、「小学校のときに学習していない」もしくは「よく覚えていない」と答えた生徒が一番多かったのが、中学2年生です。「血液以外で、エイズウイルスが多く含まれる場所は?」と聞いたところ、「精液」と正確に答えた数が一番多かったのも中学2年生でした。そして「日常生活でうつらないのに、どうして世界中に広まったのか」と聞きますと、「性行為」と正答した数が一番多かったのも中学2年生でした。ほかの学年では「輸血・母子感染」という答えが多かったのです。中学2年生にどの段階で「精液」と「性行為」についての情報が入ったのかは定かではありませんが、性感染症としてエイズを教えることで、感染拡大が起こった理由を正確に理解できていることは間違いありません。

それにひきかえ、小学校の日常生活のなかでは、友だちがけがしたときなどに触れる可能性のある、それも少しショッキングな状況で遭遇する血液が原因で「HIVがうつる」という情報は、たとえば「(鼻)血が出ている。エイズだ、エイズだ」というような、子どもたちがからかい半分にしがちなコミュニケーションの手段になってしまう可能性があります。そうしたことが繰り返されると「血に触れるとHIVに感染する」という誤った知識として共有されてしまい、将来学ぶであろう性感染症としてのエイズが他人事になってしまわないかと心配です。

●あなたにもある？ 他人事意識

ＨＩＶに関する他人事意識が自分にどれだけあるのかということを、皆さんにも考えてもらいたいと思います。では質問です。

⑴あなたは現在、ＨＩＶ（エイズウイルス）に感染していないという自信がありますか。

おそらく、多くの人は「ある」と回答されたと思います。

⑵では、次の二つの場合のどちらがＨＩＶに感染しやすい性行為でしょうか。

①不特定多数の人とコンドームをきちんと最初から最後までつけたセックス。

②夫婦での子づくりを目的としたコンドームなしのセックス。

答えは当然「②夫婦の場合」です。

⑶皆さんは、コンドームなしのセックスをしたことがありますか。

「ある」と答えた人の多くはエイズ検査を受けたことがないでしょう。では、検査を受けていないのにどうしてＨＩＶに「感染していない」と自信をもって答えられたのでしょうか。「自分は不特定多数の人とセックスをしていない」「遊んでない」「ゲイではない」と、そう思っているのかもしれませんが、それでは感染してないという科学的な根拠にはなりません。もし感染していないとすれば、それはたんに「身近にエイズウイルスがなかった」からではないでしょうか。あるいはエイズウイルスと接触する機会はあったが「たまたまコンドームをしていた」、また、コンドームはしていなかったが「運がよかった」という、その程度ではないでしょうか。

交通事故を例に考えるとわかりやすいと思います。皆さんは、自分も家族も交通事故には遭うかもしれないという不安を持っていると思います。それは、テレビで繰り返し交通事故の映像が流れたり、実際に交通事故に遭った友人や知り合い、親戚がいるという人が多いからで、その経験から学ぶことができるわけです。そして、「交通事故には気をつけようね」とか「いくら自分が気をつけていても対向車がぶつかってくることがある」などという話を日常的なコミュニケーションの場面の中で繰り返していると思います。

ところが性感染症については、「自分はならない。家族もおそらく大丈夫」と思っていますよね。マスコミもほとんど取り上げません。ましてや、家族、友だち、知人で性感染症になった人がいるという事実を知った経験のある人は少ないと思います。そのため「性感染症は身近な問題だよね」といった話を身近な人とすることもないため、やはり他人事意識になってしまいがちなのです。

●コミュニケーションで感染予防を

では、HIV感染、性感染症の増加をどのように食い止めればよいのでしょう。これには何よりも他人事意識を払拭し、日常のコミュニケーションのなかで繰り返し考えることが大事ですが、これは容易なことではありません。

ある学校で講演した夜に次のようなメールを生徒さんからもらいました。

「今日岩室先生にエイズのお話をしていただき、日頃からエイズについて考え、SEXするときにゎコンドームをつけるようにしようと思いました。でも…今日少しだけつけないでしてしまいました。ゴムがなかったんです。NOと言えませんでした。

あんなお話を聞いた後、しかもその日に、ゴムをしなかったというのは、やはり意識がなかったんだと思います。でもやはり妊娠の事とか怖くなり、いつの間にか泣いていました。彼氏ゎそれに気づいて、やめて何度も謝ってきました。NOと言える勇気持ちたい。岩室先生の話を聞いてなくて、性について関心を持っていなかったら、自分にゎ関係ないって思ってたら、最後までやって、妊娠していたかもわかりません。急に怖くなりました。

エイズになりたくない。今妊娠したらよくない。そんな事誰でもわかってる事だとぉ思います。しかし関心がないから、ゴムをつけないんだと思います。
愛の反対ゎ無関心。色々学びました。今日は本当にありがとうございました。」

途中で思いとどまったからいいのか。最初からNOと言えない程度の話の中身だったのか。その後、メールのやり取りを含め、少しはコミュニケーションのなかから、次の機会に向けた生きる力が生まれたと期待すればいいのか、正直判断に迷います。しかし、彼女はいままでもセックスはしていたものの、彼女がするセックスと、彼女が妊娠することと、彼女がエイズになることがつながっていませんでした。しかし、私の話を聞き、セックスをし、そして怖くなり、そのことで私とメールのやり取りをした結果、繰り返されたコミュニケーションの結果、自分の知識と経験が少し考える力になったのではないでしょうか。

このように、社会的にもどちらかというと他人事として扱われている性感染症を、若い世代が自分自身の身近な問題として、日常のコミュニケーションのなかに取り入れていくことは至難の業と言えます。大人たちに、若者たちが特定のパートナーから感染しているというデータを示しても、そもそも中学生や高校生がセックスをするということが感覚的に受け入れられない世代では、やはり「特殊な人たちの病気」ととらえてしまいます。同性間性的接触についで感覚的に理解できない人は、この感染症を他人事意識でとらえてしまいます。知識が生きる力になるためには、コミュニケーションのなかで繰り返し「自分事」として、お互いの問題として意識し続けることが必要なようです。

❸・性感染症は「性生活習慣病」

●性感染症を性生活習慣病ととらえよう

性感染症は、昔は「性病」、その後「性行為感染症」、さらに最近は「性感染症」というように名前が変わってきています。

昔は「性病」と言われていましたから、法律の名称も「性病予防法」（1948年施行）でした。その後、「性病」は性行為でうつる病気なので「性行為感染症」（Sexually Transmitted Disease：STD）という呼び名に変わりました。さらに、HIV感染症、エイズの拡大に伴い、世界保健機関（WHO）は1998年、STDからSTI（Sexually Transmitted Infection）に名称を変えました。Disease（病気）からinfection（感染症）に名称が変わったのは、HIVの場合は感染してもすぐ症状が出るわけではない、いわゆる病気の状態ではない、ただ感染しているだけで無症状の人が大勢いるから、というのがその理由です。そこで、いまでは日本でも「性病」を「性感染症」と呼ぶようになっています。

しかし、性感染症がどうも他人事意識でとらえられている、あるいは「自業自得ですよ」ととらえられている向きがあります。もちろん自分自身で選択したパートナーとの間で行った行為の結果の感染であり、自己責任ということは間違いありませんが、いまの若者のコミュニケーション能力の低下などを考えると、「本人の自己責任」と切り捨ててしまって、はたしてよいのでしょうか。

同じように「自己責任病」と考えられていたのが、かつては「成人病」と呼ばれ、現在は「生活習慣病」と言われている糖尿病や高血圧などでした。糖尿病は、食べ過ぎ、運動不足、そういう生活を繰り返している人の自己責任、自業自得の病気と考えられていました。しかし、生活習慣病の原因を掘り下げていくと、必ずしも成人になってから起こるのではなく、子どものときからの生活習慣の積み重ねに加え、その人の持っている遺伝的素因、さらに環境要因が重なり合って発症するということがわかってきました。

たとえば食生活が不規則であるとか、あるいは仕事が忙しくて運動不足を余儀なくされているとか、そういう生活習慣の要因があります。それに加え、環境要因として、たとえばいろいろなストレスが会社であったり、様々なストレスがさらなるプレッシャーとなって生活習慣病を発症させていることが明らかになっています。運動したくてもできない環境や、食生活を改善したいと思っても、職場の近くの食堂に塩分量表示やカロリー表示がなかったりと、そういう環境要因も関係するでしょう。また、もともとそういうものを発病しやすい遺伝的素因を持っていたりと、いろいろなことがわかってきました。ですから、食生活や運動に関する情報を徹底的に教育するだけではなく、生活習慣を変えられるような方向性で環境整備を図っていくこと、様々な角度から支援していくことが大事であると理解されるに至りました。

私は、性感染症は「性生活習慣病」と考えるべきではないかと思っています（図

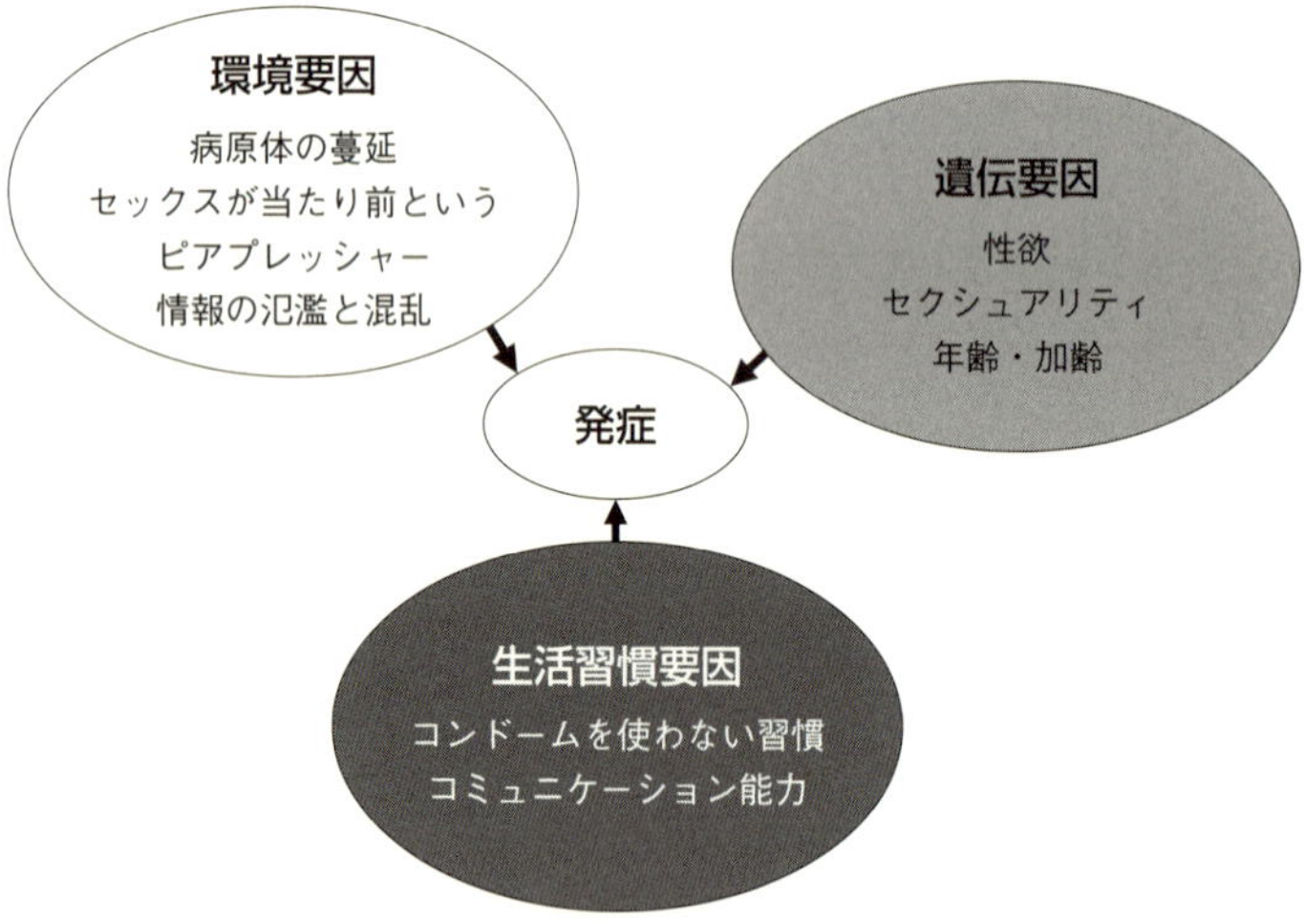

図12 性生活習慣病

12）。このようなとらえ方をすることで、自己責任病と切り捨てないで、性感染症の問題をもう少し深いところまで掘り下げて考え、対策を立てることが可能になると思っているからです。

性感染症は、必ずしも成人になってから起こるのではなく、子どものときからの生活習慣、たとえばコミュニケーション能力のなさ、性に対するハードルが低くなっていること、遺伝要因としてはセクシュアリティとか性欲の問題、さらに環境要因としては、情報が氾濫していること、セックスをしていることが当たり前というピア（仲間の）プレッシャー、さらに病原体そのものが蔓延している環境など、様々な要因が重なって発症するというふうに考えると、性生活習慣病という概念が理解できると思います。

●性生活習慣病の生活習慣要因

もう一度まとめますと、性をめぐる生活習慣上の問題としては、まず第一に「コミュニケーション能力の低下」があげられます。これは、他人とのコミュニケーションをとる習慣がない、そもそもコミュニケーションがとれない。コミュニケーションがとれたとしても、せいぜい携帯メールといった自分中心のコミュニケーション能力しかないことが問題となります。

性に対するハードルがさらに低くなっている、あるいはハードルがなくなった結果、性生活の低年齢化が起こっています。

一方で、「コンドームは使わないのが当たり前」という性習慣が中高校生の間で語り継がれています。とくに男子は「コンドームは気持ちよくない」とか「アダルトビデオではコンドームを使っていないじゃないか」と何のためらいもなく言います。自らの体験をぶつけあうことなく、アダルトビデオなどをモデル（指針）として目指す性行為の姿を模索することが当たり前になっています。

性習慣も大きく変化しています。クラミジア感染症では、オーラルセックスからの感染の広がりがとくに顕著になっています。新たな性習慣が生まれたのであれば、それに伴うルールや規範がなければ、オーラルセックスを経由した性感染症の蔓延には対抗できません。

●性生活習慣病の遺伝的要因

遺伝的要因として性感染症の予防を妨げている最大の要因に性欲があります。男では本能的にセックスがしたい、射精したいという欲望があります。性欲があるのは当然のことです。

男の性欲や思いとは少し本質は違うものの、人（誰か）とつながっていたい、人（誰か）とコミュニケーションをとっていたいという思いが、とくに若い女性をセックスへと駆り立てはいないでしょうか。

若者にも、男性とセックスをする男性（ＭＳＭ）がいるにもかかわらず、アナルセックスという性行為に対して、中学校はもちろん、高校でもきちんとしたメッセージが伝えられていません。私の患者さんでも高校時代にアナルセックスでＨＩＶに感染した人がいますが、当然学校現場ではアナルセックスの危険性、コンドームを使わなければならない、という情報支援はありません。

●性生活習慣病の環境要因

次に、環境要因としてはどういう問題があるのでしょうか。

コミュニケーションについても、コミュニケーションを阻害する環境要因について考慮する必要があります。昔は家庭や地域のなかでいろんな人から多くの情報をもらえる環境がありました。性に関心を持つ時期には、部活や日常の遊びを含めた様々な環境のなかで性に関する話題について、繰り返し話し合うことが当たり前でした。しかし、今は、インターネットもアダルトビデオも一人で楽しみ、悩みは一人で解決しようと考えている若者たちが少なくありません。個人の生活習慣やコミュニケーション能力の問題としてだけではなく、そもそもコミュニケーションを図る環境が減少していることに注目し、注意を払う必要があります。

また、情報が氾濫しているという問題があります。誤った情報がインターネットなどから流されていて、そういう性情報に子どもたちがアクセスしやすいという環境があります。有害図書、有害映像といったものも加速度的に増えていますが、インターネットの有害サイトを見たことがない大人たちが圧倒的多数であるという「知らぬが仏」という環境にあなた自身が身を置いてはいないでしょうか。

先年、芥川賞を受賞した『蛇にピアス』（金原ひとみ著、集英社、２００４年）という本が、そのなかの性的表現について議論が起こるなど話題になりました。どんな子どもがこのような文学書を読んでいると思いますか。

インターネットや漫画雑誌、若い人たちのファッション雑誌に出てくるような怪しい性情報は、一見遊んでいるようにみえる子どもたちだけが見ているのかもしれません。しかし、進学校で読書好きの子どもたちが高校、中学の図書室などで借りた本のなかにも、われわれ大人が直視できないような性表現がたくさんあります。そういう環境要因も考慮する必要があります。

性生活の低年齢化の背景には、高校生がセックスすることを容認しているともとれる社会環境があります。

情報や環境は、受け取り手によっていかようにも解釈されるものです。

「岩室さんが中学生、高校生にコンドームを教えるということは、コンドームを使えば中学生、高校生はセックスをしていいと言いたいのですか」とよく聞かれます。私自身、そのように聞かれても「岩室紳也の話のなかの、どの部分を、どう解釈すれば『コンドームを使えば中学生、高校生はセックスをしていい』と受け止められるのかわからない」というのが正直なところです。逆にコンドームという表現を用いるだけで「コンドームを使えば中学生、高校生はセックスをしていい」と受け止める環境がすでにこの世の中に根深く存在していることを、そのように批判をしてくださる大人たちが教えてくれていると感謝しなければならないかもしれません。

核家族で共働き、親が不在の家は、意図していなくても結果的にセックスをする場所を提供していることになります。

「恋人がいないことが格好悪い」とか、「セックスをしていないのは遅れている」、あるいは「処女であることが恥ずかしい」、友だちと違うことを、友だちからの無言の圧力（ピアプレッシャー）として感じている若者がいます。

セックスに対して「ノー」と言えない背景には、自己主張をしにくい環境、自己主張することに慣れていない状況もあります。家庭では勉強面などでいい子でいることだけが求められて、自己主張の練習もしていない。そういう環境要因も重なってきます。

また、セックスに対する価値観の変化もあります。「性体験のあることは恥ずかしいことでもなんでもない。セックスしたっていいじゃない」というような価値観の変化もあります。お金至上主義の価値観のなかで、お金のために体を売っている女の子たちもいます。

こういう様々な環境要因が、いまの子どもたちの性行動を追認していると考えられませんか。

●性生活習慣病の予防に支援の輪を

このように、性生活習慣病の要因は多様です。多様な要因に対して行わなければならない支援もまた多様ですが、すべてのニーズやディマンドに学校だけで応えることは不可能です。たとえば、ＭＳＭのような遺伝的要因に関する支援が、学校現場で行われるか、しかも教科書に記載されるという形で支援環境が整備されるかと言えば、私はそうは思いません。

もちろん私自身、性生活習慣病を克服したり、性生活習慣病と共に生きることを余儀なくされた人々への支援についてできることは何かを模索し続けています。しかし、私自身が援助の手を差し出せないときも当然ありますから、そうした場合は誰かにつなげられるように、常にアンテナを張っておくことも心掛けるようになりました。

セクシュアリティに関しては、最近、テレビをはじめとするマスコミで「ゲイは個性」といった雰囲気で情報が流されているなかで、とくに若い世代にとって、ゲイは決して特殊な存在ではないというポジティヴなメッセージが伝わってきたように思います。学校で詳しいことを教えられなくても、それなりに情報を共有できる環境があればトラブルに巻き込まれずに済むかもしれません。

●性生活習慣病のリスク対策という視点を

生活習慣病対策で成功している8020運動（80歳で20本の歯を）ではほとんどハイリスクアプローチは行われていません。それでも成功したのは、「歯周病への無理解というリスク」、「ブラッシング回数が少ないというリスク」、「かかりつけ歯科医を持たないというリスク」といった社会全体に蔓延するリスクに関する対策を一つひとつ丁寧に行ってきたからです。性生活習慣病を克服するには、「知識不足というリスク」だけではなく、「コミュニケーション能力の低下というリスク」をはじめとした様々なリスクを一つひとつ克服するしかありません。すなわち従来のように、性生活習慣病予防＝性教育の実施だけではないからこそ、多様な支援の輪が必要になっているのです。

Ⅳ章　性の教育で育む「生きる力」

1・ヘルスプロモーションから性の教育を考える

●従来の健康教育とこんにちのヘルスプロモーション

いま、子どもたちに「性」について、どのようなことを、誰が、どう伝えるべきなのでしょうか。

それを考える前に、まず、従来から行われてきた健康教育と現在のヘルスプロモーションの考え方を整理しておきたいと思います。

そもそも健康づくりが目指すもの、健康教育の目的とは何でしょうか。それは、病気にならないことではなく、QOL（生活の質）の向上が目的だったはずです。しかし近年、生活習慣病をはじめ、多くの疾病についてその予防や早期発見の方法が明らかになるにつれ、健康づくりや健康教育の目的も、病気の予防や早期発見ととらえる人が増えてきました。

思春期の若者を取り巻く性の健康にまつわる問題と言えば、性感染症や望まない妊娠と考え、それらを予防することを目指した性教育が行われてきました。少なくとも少し前までの岩室紳也の視点はそこにありました。

しかし、病気にならないことだけが健康づくりの目的ではないはずです。何より豊かな人生を送れるようにすることだというのが、1986年にWHOが提唱した「ヘルスプロモーション」という理念の基本であり、健康教育や性教育の目的もこの基本を確認しておくことが大切だと思います。

従来型の健康教育、性教育では、病気にならないように当人に正確な情報を学校の教師や地域の専門家が一方的に教育する、アドバイスを送るという形でした（図13）。

この方法では、あくまで情報を伝えられた本人一人が努力し、その情報を受け止め、実生活のなかで活かすようにすることが求められました。すなわち、自助努力で解決できる方向でしか取り組みがなされませんでした。家族や地域住民による共助の力や、公助、公的な支援も専門家や教員による指導だけが求められ、そこには様々な関係者を巻き込んだ、公的な立場でこそできるネットワークづくりと

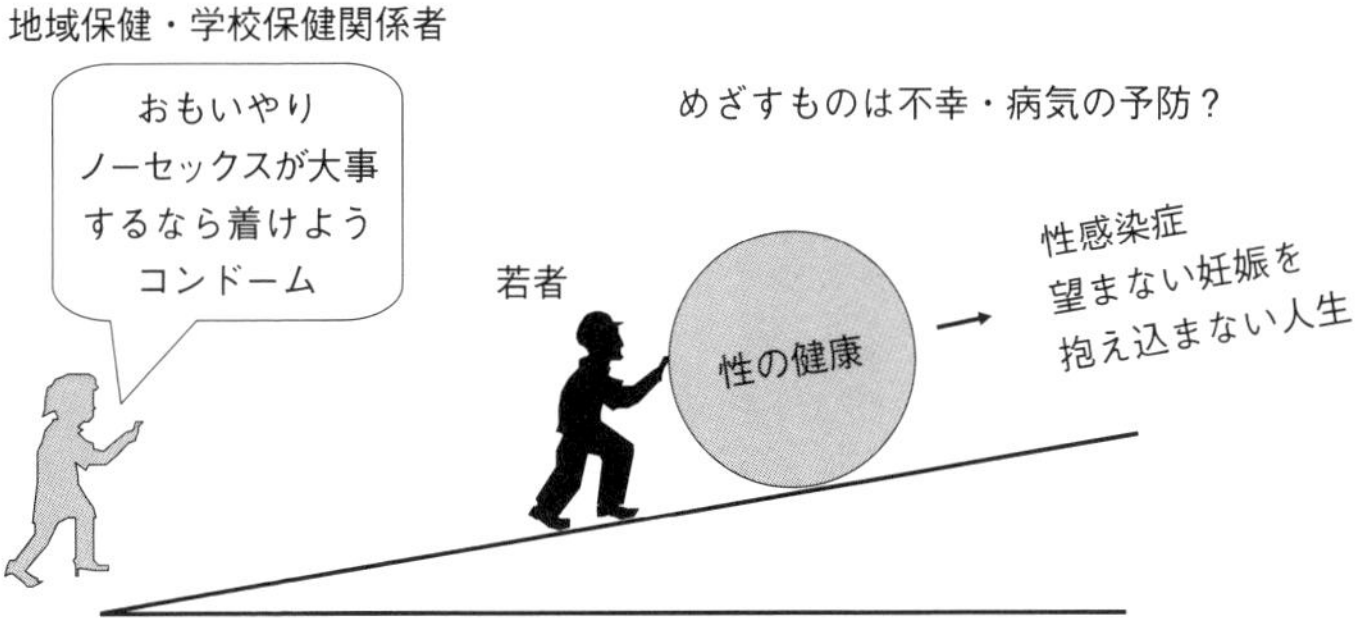

図13 従来の（指導型）性教育・健康教育（島内1987、吉田・藤内1995を改変）

いった視点はありませんでした。

さらに言えば、思春期の若者たちの性の健康を阻害する様々な環境要因に対する介入やサポートは、ほとんど考慮されていませんでした。

一方的なかけ声だけでは、有益な知識や情報であっても自分のなかに落とし込めていけません。そこで、とくにコミュニケーション能力の低下した子どもたちに対しては、そもそもその子の周りにコミュニケーションがとれる関係性を再構築する、すなわち関わってくれる人を多くするといった角度からのアプローチが必要です。そういう多角的な取り組みの必要性を訴えているのが、ＷＨＯが提唱している「ヘルスプロモーション」という考え方なのです（図14）。

ヘルスプロモーションを思春期の性の問題にあてはめると、どうなるのでしょうか。

いま思春期の性については、そこにまつわる様々な価値観、性情報、大人たちの声があります。たとえば「セックスをして

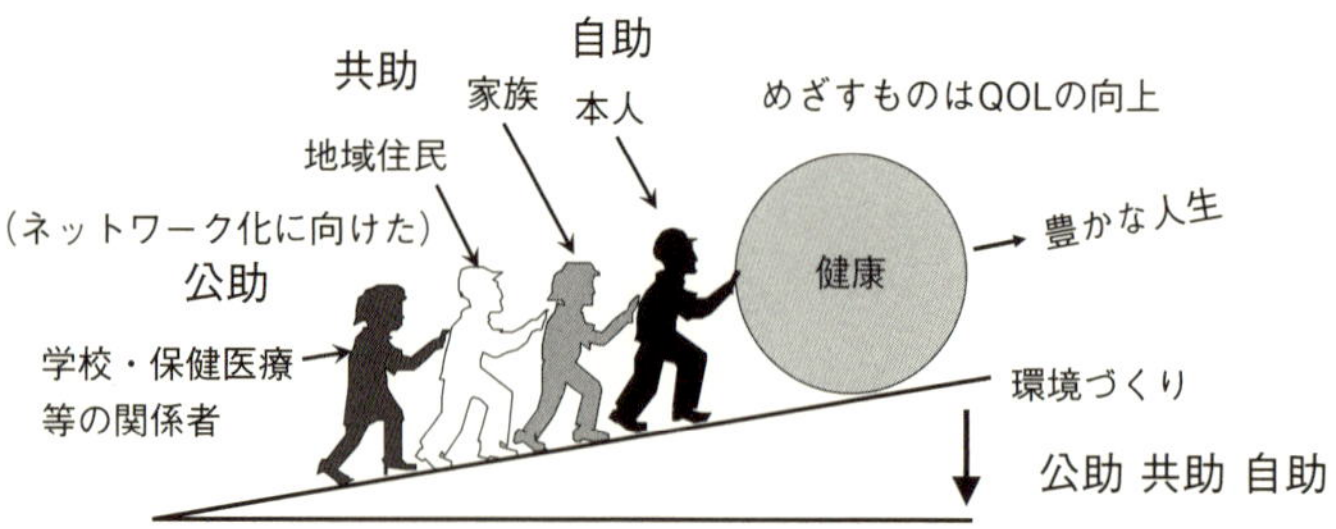

図14 ヘルスプロモーションの考え方（島内1987、吉田・藤内1995を改変）

いないなんて遅れているよ」というピアプレッシャー、「援助交際」などと本質を隠したお金の誘惑もあります。一方で、コンドームをつけなければならないとわかっている子どもたちもいます。「いや、コンドームを教えるなんてとんでもない」という価値観もあります。

こういう様々な性情報や誘惑が氾濫している社会のなかで、いま求められていることは、決して一つひとつの性情報や誘惑を消し去ることではなく、それぞれの情報や誘惑をそれなりに受け止めつつ、その子が自分の力で前に歩いていけるように支援するということです。図15のように坂道がきつくて

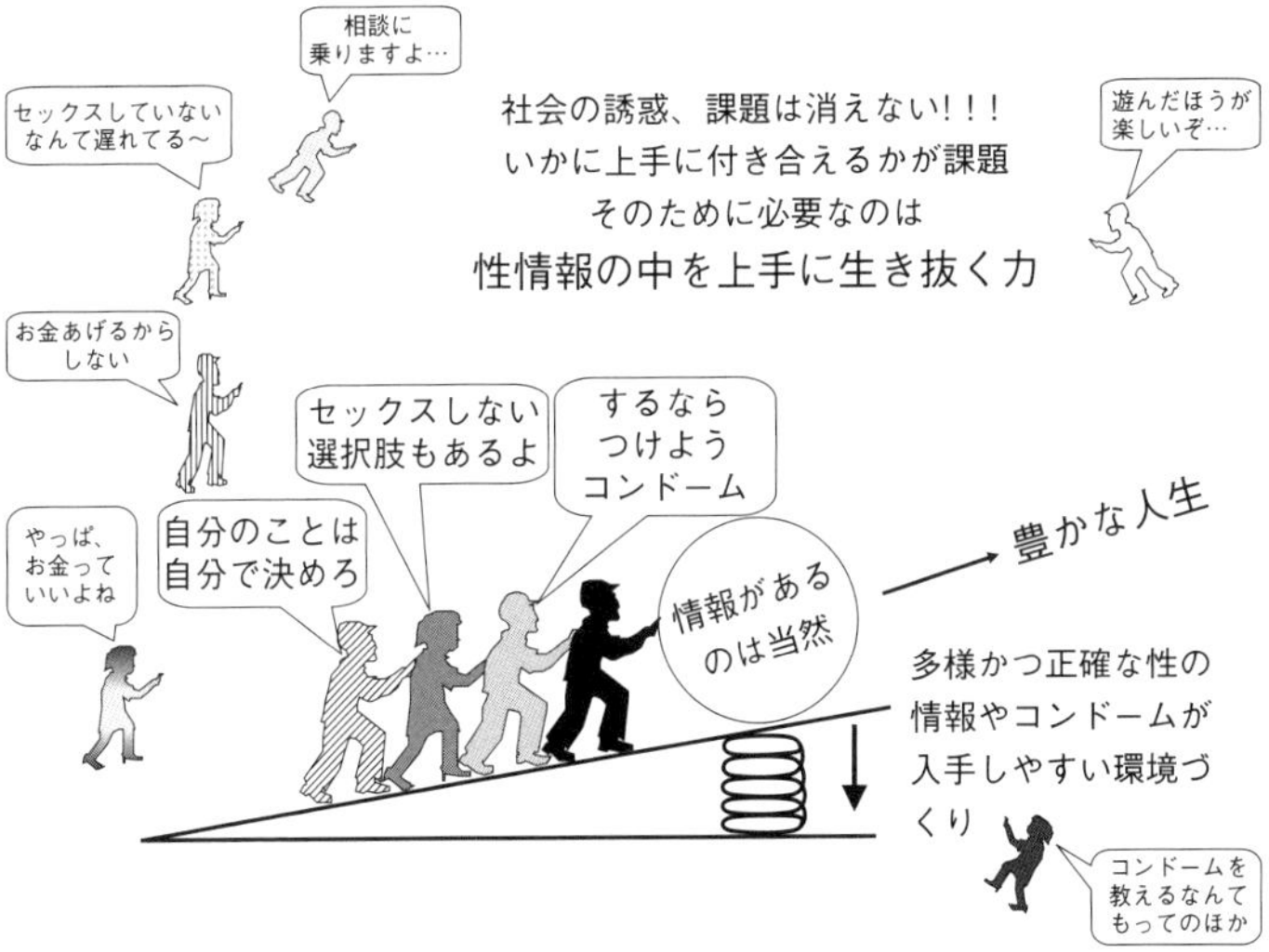

図15 ヘルスプロモーションの理念で思春期を取り巻く環境を考えると（島内1987、吉田・藤内1995を改変）

前に進みにくいとすれば、その坂道の勾配を少し下げてあげることが必要です。

たとえば、これは子どもたちに限りませんが、コンドームを買うハードルが高いと感じる人が多いのであれば、入手しやすい環境づくりをしてあげる。「セックスしない方がいいよ」という大人の声、逆に「自分のことは自分で決めろ」「やはりコンドームをつけなさい」など、様々な声がその子の周りにあるなかで、自分はどれを選択すればよいだろうかと考え、自分の力で選択し、それが正しかったかどうかを多くの人とともに確認し、豊かな人生を目指して歩んでいく。万が一、性感染症になるようなことがあっても、それを乗り越えていけるような環境があり、そのなかで一歩ずつ豊かな人生に向かって歩んでいける。そうした環境整備こそ大切というのがヘルスプロモーションの考え方です（図15）。

●性のヘルスプロモーションを

「性教育は誰がいつから始めるべきか」という質問をよく受けます。「学校に上がったら」、あるいは「小さいときから」、「やはり家庭でするべきではないか」といろいろな声がありります。私も以前は、このことの答えを一所懸命探していました。しかし、「誰がいつから」という発想自体が、自分ができることを放棄するだけではなく、自分ができることの可能性をも狭めてしまってはいないでしょうか。あなたが行う性教育はあなたが始められる時に始めればいいのです。さらに、「教育」だけを一所懸命議論しても、生きる力を十分育むことはできません。このことは「ＩＥＣ」という考え方の項で繰り返し述べたとおりです。

ヘルスプロモーションの観点から子どもたちを取り巻く状況を検証してみてください。小さいときから大勢の人が関わる大家族にいれば、また近所の人との関わりがあれば、そしてクラスメートや部活の仲間とのつながりが多ければ、様々な切り口の性教育を周りがしてくれるはずです。

性教育を誰がいつから行うかを考える前に、そのような環境整備について、あなたがその子にできることは何かを考えてみませんか。銭湯や温泉に連れていくだけで、大勢の人の裸を見て、外見の多様性を知ることができ、自分の悩みが解消される性教育になる場合もあるでしょう。積極的に近所の子ども会に参加させたり、近所付き合いを深めるなかで、お兄さん、お姉さんたちにいろいろ教えてもらえるようになるかもしれません。私の近所に住んでいれば、性教育の餌食になるかもしれません（笑）。

●どんなきっかけも生かして

環境整備という観点で言えば、まずは親が子どもとつながることを意識してください。子どもたちの周りの一人ひとりができることを、できる時にすることが大切です。それこそ、この本を読んだ後に「こんな本を読んだんだけど面白かったよ」と渡すだけで立派な性教育になりますよね。

子どもとつながるきっかけを、実際に家庭で起こりうる様々な場面で想定してみてください。お子さんの部屋からエッチな雑誌やビデオ、あるいはコンドーム、そういうものを見つけたら、皆さんはどのように対応するでしょうか。女の子が読むファッション雑誌のなかには、性にまつわる記事もあります。それを発見したときにあなたはどうしますか。

じつは子どもたちは、大人たちがどう感じているのか、どう考えているかの本音を聞きたがっています。

もしコンドームを見つけたら、捨てるとか、見ないふりをするというのではなく、たとえば「どうして持っているの？」と聞いてみてはどうでしょう。あるいは「コンドームの正しいつけ方は知ってるの？　そんなことも知らないでコンドームを持っているなんてダメだよ。岩室紳也という医者のホームページにコンドームの正しいつけ方が書いてあるから、『コンドームの達人』で検索してみなさい」と言えるでしょうか。もちろん、持っていることに不快感を表明するのもＯＫです。

エロ本やアダルトビデオ、エロゲーを見つけたら、それを一緒に見たり、ゲームをしたりしてはどうでしょう。一緒に見ないまでも、見たときの大人の感想を伝えてはどうでしょう。

もしお母さんだったら、「何でこんな気持ち悪いものを見るの。お母さんは、こういう女性をバカにしたようなものは嫌いです」とはっきり伝えてあげると、そこに描かれているものがかなり偏った情報であるということを、少なくとも女性であるお母さんの視点では許せないものだということをお子さんが知ることができます。

性のヘルスプロモーションという考え方から何ができきかを考えると、一人ひとりにそれなりの役割があり、それは余人をもっては代え難いものだということが確認できるはずです。一方で、性のヘルスプロモーションを阻害するのが一人ひとりの価値観、こうであらねばならないという信念です。これを変えていただくのは本当に難しいようです。

●性の教育は手段、目的は関係性の構築

人と人との間に生きていれば（それゆえ「人間」と書くのだと聞きますが）つらいことも乗り越えられると考えています。私が子どもたちの前に立って性の話をするときに一番意識していることは、「岩室紳也」という人間を感じてもらい、聞き手と私との間に一定の関係性を構築することです。そのため、極力マイク一本で話し、パワーポイントやビデオなどの映像は使わないようにします。

これは、たとえば「コンドーム」について話すにしても、どのような眼差しで、口調で、

顔つきで話しているかが子どもたちに伝われば、おのずと伝えたいメッセージまでもが伝わると感じているからです。「性」という、子どもたちが本能的に興味を持ってくれる素材を手段に、人とつながっていることの、人と関係性を保っていることの面白さ、ありがたさを感じてもらえれば、私が性の話をすることも「生きる力」を育む教育になっていると言えるのではないでしょうか。そう思って、私は特別な教材を用意することなく、しゃべりだけで子どもたちの前に立っています。

いまあえて「性の話」と書きましたが、そう書いたのは「性教育」と「性の話」や「性の教育」とは少し異なるものだと気づいたからです。ある決まりきった「正しい」とされることを教えるのが「〇〇教育」だとすると、私がしていることは「教育」とは違います。「性」というテーマで、「私」という媒体を使って、子どもたちに考える機会を提供しているだけです。ですから、たんに「性教育」というよりは「岩室紳也の性の話」、あるいは「岩室紳也の性の教育」といった方が個人的にはすっきりしますし、マイク一本で語る理由もはっきりすると思います。

ただ、例外的にパワーポイントを使う地域があります。ある地域で、性の話を少ししただけで子どもたちが下を向いてしまい、私の眼を見てくれない学校がありました。先生たちも「すごくシャイな子どもたちが多く、岩室先生の方をちゃんと見られなかったのだと思います」とおっしゃっていたので、そういうところでは、パワーポイントを使いながら、なるべくキャッチボールができるようにしています。

2・「性」や「エイズ」でコミュニケーションを

性やエイズを伝える方法として気をつけなければいけないことは、何よりも正確かつ科学的な内容であること、聴く人に感動を与えるために、自分自身の、少なくとも誰かの経験をベースにする必要があります。そういうものであれば、生きている人、あるいは生きている人の性を感じられるような情報伝達になります。また、伝える相手が若い世代ですから、若い世代にマッチした言葉で伝えていく必要があります。

そうして性やエイズを伝えた結果、彼らにはどういう変化が起こるでしょう。

性と向き合うということ自体がストレスですから、まず性というストレス、性をコントロールできない自分というストレス、そういうものと向き合う自信がついていくのではないでしょうか。また、科学的な情報を伝えることで、その情報をもとに自分自身で判断ができるとともに、「おい、こんな情報を知っているか」と、正確な情報をコミュニケーションツールとして使えるようになると思います。

●性情報でコミュニケーション

以前、ここで悩んでいたのは、教育現場には次のようなルールがあることでした。すなわち、学校では性のトラブルに巻き込まれる前の集団を対象とした指導では、学習指導要領に沿った内容でなければいけない。そしてトラブルに巻き込まれる、あるいは巻き込まれそうな人たちには個別指導としてさらに進んだ指導、たとえば必要に応じてコンドームの装着法についての指導をするのがよい、というルールです。

しかし現在は、このルールはかえって性やエイズの話をコミュニケーションツールとするうえではありがたいことだと考えるようになりました。もし教師が教えるとなると「コンドームの正しい装着法とはこういうことだ。試験に出すから、覚えておきなさい」というだけで、そこにあるのは一つの情報伝達だけになります。

たとえば、私のコンドーム装着法（http://www.youtube.com/watch?v=mHHRgFfGnzA）を生徒と一緒に先生方に見ていただければ、「教師の自分も知らなかった」と話すことで子どもたちとのコミュニケーションのきっかけとなります（大人でも正しいコンドーム装着法を知っている人はどれだけいるでしょう）。

「えっ。先生も知らなかったの」「大人も知らないなら、できちゃった結婚が増えても仕方がないよね」「岩室さんはどうしてあそこまで研究する気になったんだろうね」といったコミュニケーションが生まれることが期待されます。

性は、コミュニケーションが少ない子どもたちに、コミュニケーションの手段として感動を与えられる情報になりうるのです。性を煽《あお》るということではなくて、彼らが「おまえ、知ってたか」「知らなかった」といったやりとりができる情報こそ、私は全員を対象にした場で提供されるべき情報ではないかと考えています。

●学校で教えられること、教えられないこと

性教育と言うからには学校の役割だと期待する人が多いと思いますが、実際に学校の実情を詳しく知っている人は少ないようです。

学校では、学習指導要領に準拠して編集された検定教科書が、主たる教材として使われます。しかし、学校との連携を模索する地域保健関係者だけでなく、学校の管理職をはじめ他教科の教職員の多くはその教科書を読むことがほとんどなく、何がどこまで書かれているのか知りません。

性教育バッシングと言われた時期に「コンドームのコの字も言わないでください」と私におっしゃった中学校の校長先生がいらっしゃいました。でも「教科書に書かれていることさ

え《ママ》も口にしてはいけないのですか」と、その学校の保健体育の教科書を見ていただきながらお話をすると、「教科書の範囲なら結構です」ということになりました。中学校の教科書には、「コンドームは、直接の接触をさけることができるので、性感染症の予防として有効な手段です」「コンドームは、正しく使用すれば、感染の危険を少なくするのに有効です」と書かれています。高校ではさらに詳しく、コンドームの写真が出ている教科書もあり、「袋の切り口や爪によってコンドームが傷つくと、使用中に破れることがあるので注意する」とまで書かれている教科書もあります。

「岩室先生はコンドームの装着法を小学生に教えるのですか」と聞かれたこともありますが、私は、「そんなことは教えるつもりは毛頭ありません。教えたところで生徒は理解できないでしょうし、父兄の理解が得られないどころか、父兄からクレームが出るのは当たり前です」と答えています。

学校で使っている教科書がどこまでコンドームを扱っているのか、それを理解したうえで、学校の先生方はその範囲のなかできちんと指導してください。必要に応じて、いろいろな副教材を使うことも有効だと思います。

●性を語れる人、語れない人

ただ、「性に関する情報」は、誰が、どう、伝えるかということが重要になります。

私は長年コンドームにこだわり、コンドームについて若者たちに語り続けてきました。多くの若者たちは真剣に、真摯に私のコンドームの話を聞いてくれました。「先生の話を聞いてからちゃんとコンドームを使うようになりました」という声を多く聞くにつけ、多くの人にコンドームについて語ってほしい、コンドームに関する情報提供を徹底してほしいと思ってきました。しかし、この考え方が正しかったのかと、いま反省しています。

若者たちが真剣に、真摯に私のコンドームの話に耳を傾けてくれたのは、単純にコンドームという情報に興味を持っただけではないようです。

私がコンドームについて話す際には必ず、コンドームを使わなかった結果HIVに感染しエイズになって亡くなっていった患者さんの話や、完璧に使いこなしていた人がたった一回だけコンドームが破損してHIVに感染してしまった話など、コンドームに込めた私の、そして患者さんたちという強い援軍の思いを語っていました。それがあればこそ、私の話に耳を傾けてくれたのだと思います。このように、私には性やコンドームを語りやすくしてくれる環境がありましたが、そうでない人がコンドームについて語ることは難しいのかもしれません。

●スローガンを語るな

一方で、コンドームではなく、「命の大切さ」を伝えたいという方もいらっしゃると思います。私も基本的には異論はないのですが、正直なところ性教育に関わり始めてからずっと、今一つすっきりしない思いを感じていました。多くの先達が当たり前のように「命の大切さ」を説く姿にどことなく違和感をもっていました。ただ、反論する言葉も持たないまま月日は流れました。

そんなある日、公共広告機構のテレビコマーシャルを見て「これだ」と思いました。

命は大切だ。命を大切に。
そんなこと何千何万回言われるより
「あなたが大切だ」
誰かがそう言ってくれたら
それだけで生きていける。

本当にそう思いませんか。この短い広告のなかに、失われた関係性に対する警告、一人ひとりができる声掛け、それがあればいろんなストレスを乗り越えられる——というすごいメッセージが込められています。

子どもたちはスローガンを聞き飽きています。

子どもが子どもを殺すというような事件が起こると、そのつど、校長先生、教育長、大人たちが「命を大切にしましょう」と語っています。「命を大切にしましょう」と言いながら、本当に皆さんは自分の命を大切にしているのでしょうか。人工妊娠中絶を経験している大人はかなりいます。中絶の是非を言うつもりは毛頭ありませんが、自分の価値観として中絶に反対している人や、宗教的な観点から中絶を認めない人は、ここぞとばかりに声高に中絶の否を語ってはいないでしょうか。確かに中絶では、命が一つ消えるという明らかな事実があります。「それが悲しかった」「悔しかった」ということを語れば、命の大切さは伝わるかもしれませんが、命の大切さをスローガンで語ってしまうと、逆に、そこで伝えたいことが聞き流されるだけになってしまいます。

中絶を認めていない宗教であっても、本当の宗教家は決して否定から入らず、また○か×かでもなく、「一緒に考えましょう」という姿勢をとることを知り、そこにコミュニケーションの意義、カウンセリングの大切さを学ばせていただいたという経緯があります。

●「命の大切さ」を知るまでは

「命の大切さ」という表層的な言葉ではなく、命が消えていった悲しみ、あるいは命が生まれてきた感動を語れる人は必ずいます。それは助産師さんの場合もあるでしょうし、子どもを産んだお母さんの場合もあるでしょう。消えていった命の方でいえば、私が会ってきた患者さんたちの死、若くして子どもを残してエイズで死んでいったご両親の悔しさ、そういうものを語ると、自分の親が生きていることのありがたみや命の大切さを実感している子どもたちがいることを少なからず感じます。

私は、人が死ぬことの大変さについて、中学生のときまでわかっていませんでした。

中学のときの寮の後輩が、柔道の試合中の事故で亡くなったとき、お父さんとお母さんが嘆き悲しんでいる姿、自分と一緒に暮らしていた仲間がある日からいなくなった、突然消えてしまったという喪失感……。「やっぱり消えちゃいかん」という感覚は、彼の死で初めて経験しました。

でも、死とか命の大切さというのは、自分が命に直接かかわる当事者になるまでは、本当にはわかっていなかったと思います。医学生になり、亡くなっている方の解剖実習をするなかで、「この方は生きていたんだ」という感慨を否応なく突き付けられました。そのご遺体を通して、生きている命を支える様々な仕組み、人体の素晴らしさを叩き込まれました。医学部6年生のときの病棟実習で受け持っていた高齢初産の方が双子を死産されたときは、亡くなったお子さんたちからはもちろんのこと、ご両親の悲しみからも「命があることの素晴らしさ」と「命を失うことの喪失感」を体験させていただきました。医者になってからも、0歳児から百歳を超えた人までの死を次から次に見てきました。「医者になって一番良かったことは何ですか」と聞かれたときに、今は「多くの命が亡くなることを見せていただいたことです」と言っています。

家族のなかでも、両方のおじいさん、おばあさん、自分の両親、義理のお父さん、おじさん、おばさん、従兄、といろんな死を次から次に見ていくなかで、「やっぱり人間、早くに死んではいかん」「一瞬々々を大事にしないといけない」と心から思えるようになりました。

中学生や高校生に「命の大切さ」というスローガンだけを説くというのは、無責任なメッセージだと思っています。

「私は自分自身の様々な経験を経て、初めて『命の大切さ』ということが腑に落ちました」ということも積極的に語っています。性教育は苦手だが命の大切さは伝えたい、と思っている人も多いと思います。そのような思いの方はぜひ自分の体験を語ってください。「命の大切さ」というスローガンを入れないで。

●命を産む感動、命を育む感動

50歳を超えた私は、いままでも命の大切さや感動の伝え方について、たくさんのことをいろいろな方から学ばせてもらっています。

最近も、ある助産師さんの話を聞いて感動しました。

「子どもが自分の体のなかから生まれてくることは、女性にとっては快感。その快感とともに、生まれてきた赤ちゃんがいとおしくて、その生きている赤ちゃんが自分のオッパイを吸ってくれる、その快感が、この命をなんとしても守ろうということにつながる」と言われました。

男である私には実感はありませんが、この助産師さんの言葉から命の大切がひしひしと伝わってきました。と同時にこれは、私には絶対に表現できないことだと思いました。

「そうやって子どもを産むと、やっぱり次の子も産んでみたくなる。あの出産の快感、子育ての快感をまた感じたいと。だから昔は少子化になんかならなかった。そして、子育てもいろんな人に助けてもらってやっていけた。お金を出すからと言われて、2人目3人目を産みますか。産みませんよ。そもそもお産が快感ではなくなってきているんですね。」

「どうしてですか?」

「だって、病院で脚を開かされて、内診を受けて、出産しなきゃいけないことに、女性が快感を覚えますか⁉」。

これは、私には「目からウロコ」でした。

だからでしょうか、いまは産む環境もどんどん変わってきています。私の後輩で男性の産婦人科医は、分娩室で床上分娩を実践しています。内診もしないと言っていました。母乳育児も、栄養素の問題ではなくて、吸われているお母さんの快感と吸わせてもらっている子どもの快感、そういうコミュニケーションの部分を大事にするようになっています。

私たちは、出産、育児、子離れといった、子どもとの接点で味わわせてもらっている様々な快さや感動について、あらためて意識し直し、その快さや感動が得られる環境整備について考える必要があるのではないでしょうか。

●スローガンを外し、経験を語ろう

数多く講演をこなしていると、自分の講演のどこが聴衆を惹きつけ、どこが聞き流されているかがある程度わかるようになります。

聞き流されているところ、「つまらない」という思いで聞かれているところ、聞きたくないという反応をもらうところを吟味すると、そこにはいくつかの共通点がありました。その一つは、「こうしましょう」「こうすべきです」という押しつけのメッセージが含まれていることでした。「コンドームを着けましょう」というのも嫌われるメッセージの一つでした。

逆にちゃんと聞いてもらえる、聴衆にとって聞きたい内容は、具体的な事例に基づいた内容、岩室紳也やその患者さんの当事者性のある内容、スローガンが入っていない若者批判になっていない内容でした。

心に響くメッセージを伝えるコツは、徹底的にスローガンを外し、自分を語ることだと思います。私が行っている思春期保健指導者研修会で生まれた数ある作品のなかで、岩室紳也では到底伝えられないメッセージだと感心したものを一つ紹介します。

「大切なこと」一人の先輩から

私は、高校2年生のときに初めて彼と呼べる人ができました。その人は同じ高校に通う同級生でした。自分のことを好きになってくれるのがうれしくて、ずっと彼と一緒にいたいと思うようになりました。幸せな気持ちでいっぱいでした。

思いのとおり、1日のほとんどの時間を一緒に過ごすようになり、つきあい始めて3か月ほど経った頃、彼に求められたのです。別れることなんて考えていなかった私は、戸惑いながらも自然と彼の求めに応じていました。きっと心のどこかで私もそうなりたいと思う気持ちがあったのだと思います。

でも、会うたびに求められるようになり、「彼は本当に私のことが好きなのか」「ただHがしたいだけなのか」、今までとは何か違うという思いを持ち始めました。同時に「赤ちゃんができるかもしれない」「できたらどうしよう」という不安がいつも心のどこかにありました。

そのときの私は、妊娠をすると、おなかが大きくなるということ以外はよくわかっていなかったのです。バイトしたお金で初めて医学書を買いました。まず「月経が止まる」と書いてありました。当時の私の月経は規則的ではなく、ただ遅れているだけなのか、妊娠してしまったのか、判断できませんでした。「今赤ちゃんができても産めない、妊娠してたらどうしよう」。誰にも言えず一人悩んでいた私は、月経が来たときには涙が出るほどホッとしました。

それからも「彼に嫌われたくない」という気持ちから関係は続き、いつもどこかに不安を持ちながら、月経が来るとホッとするという日々を繰り返していました。自分の本心は伝えきれませんでした。

2年ほど経ったある日、「他に好きな人ができた」と彼に別れを告げられました。とても悲しくて、しばらくはよく泣いていました。「彼に嫌われたくない、と自分の気持ちを殺してまで守ってきたことはいったい何だったの?」。自分を大切にしなかった私自身が腹立たしく、彼は本当に私を好きでいてくれたのか、と考えては落ち込んでいきました。

自分は汚れてしまった、人を好きになる資格がない、他の人と経験がある自分のことを、好きになってくれないんじゃないか、と恋愛には積極的になれませんでした。

そのときは一生懸命だったし、後悔することなんか何もないのに、何か大切なことを忘れていたのかもしれません。そんな私の恋愛でした。

この研修会で、まとめられるメッセージを一つひとつ聞かせてもらうにつけ、岩室紳也だからこそ伝えられるメッセージがある一方で、他の大人たちも、また先輩たちもそれぞれ素晴らしい、子どもたちの心に響くメッセージを持っていることに気づかされました。

子どもたちの心に響くメッセージとは、人の生き様を見せてくれるメッセージです。しかし、多くの人は、自分の生き様を、経験を、失敗を語ることに抵抗感を持っています。

私も自分のマスターベーションのこと、自分の失敗を語れるようになるまで時間がかかっています。前著『エイズ―いま、何を、どう伝えるか―』の初版と最新版とを見比べるとわかりますが、初版にはなかった私の失敗談が加わっています。たとえばＨＩＶに感染しているパトリックと握手をし、パニックになった私の経験は「医者の恥」としてなかなか口にすることも、ましてや文字にすることもできませんでした。しかし、それを口にしたときの「何だ、お医者さんも最初はよくわかっていなかったんだ」という子どもたちの反応に触れるにつれ、大人の背中を見せることの大切さを学ばせてもらいました。

●性を語りたくないことも語ろう

一方で、どうしても性について語りたくない人もいるはずです。

小学校の教師は、保健の授業のなかで、性について教えなければなりません。しかし、先生方のなかには小学校3年生の教科書にある「いんけい」や「ちつ」といった性器の名称や、中学校の教科書に記載されている「コンドーム」という言葉を口にしたくないという人がいても不思議ではありません。

性について「これは口にしたくない」「あれは伝えたくない」というのは、価値観のギャップです。価値観のギャップはもちろん尊重されるべきですが、教師の場合は個人的な価値観で「ここは教えない」というわけにはいきませんので、学習指導要領に沿って作成された教科書については、どの先生もきちんとくまなく教えることになっています。

ただし教える際には、性については大人のなかでも価値観のギャップがあるということをぜひ伝えたいし、そうすれば子どもたちのなかに「先生もこういう言葉は口にしにくいんだ。でも、一所懸命教えてくれた」という感動が生まれるのではないでしょうか。

学校の先生のなかには、性教育の講演を何回聞いても、どうしても拒否的な気持ちが拭えないという方も必ずいらっしゃいます。そういう先生は「自分は語れない」「性の話は苦手」ということを語ることに意味があり、それが性を語ることになります。

●「迎合」は大事なストレスを奪う

親を含めた大人と若者の間の意識のギャップは、大人と若者の関係性のなかで生まれる大事なストレスです。どちらかが良い悪いではなく、永遠に埋められないストレスです。その意識のギャップをストレートにぶつけることが必要です。大人が若者の価値観に迎合すれば、若者たちは意識のギャップをストレスと感じることもなくなり、ストレスと向き合う貴重な経験の機会を逸することになります。

よく「中学生、高校生はセックスをして良いのか悪いのか」という質問が出ます。

以前は「セックスをしない方がいいよ。なぜなら、完璧な避妊、完璧な性感染症予防ができないから」と科学的な視点を重視して話していました。しかし、いまの私の本音は「するな」です。ただ、講師としての私に求められているのは、私の価値観を伝えることではないと考えています。

だからこそ、親には言ってほしいですね。「できたら産め。産んだら育てろ。育てられないならするな」自分の価値観を押し付けてよいのは、また押し付けた方がよいのは保護者である親です。

教育関係者も、保健医療関係者も個人的な思いを語ることはできても、自分たちの価値観を持ち出してそれを押しつければ、政治的な論争にまで発展しかねません。

●連携によって様々な価値観を伝えよう

大人が子どもに迎合せず、自分の価値観をきちんと伝えることはとても大切です。ただ、自分一人の価値観や考えを伝えるだけで、子どもたちがすべての難題、難問を乗り越えていけるようになるわけではありません。自分にできないことは何か、自分では伝えられないメッセージは何かを考え、自分に伝えられない大切なメッセージがあるのなら、それを持っている人をぜひ子どもたちの前に立たせてください。

学校教育の現場では伝えにくいメッセージ、伝えられないメッセージがあります。だからこそ、地域の医療機関や保健関係者と連携したうえで、子どもたちの育ちを支援する教育環境の整備を図っていくことが求められているのです。

具体的に言えば、私は岩室紳也の視点や立場でしか語ることができません。自分が話す内容にはそれなりに自信を持っていますが、だからこそ学校の先生には先生の視点で、フォローをお願いしたいと思っています。そのフォローは、必ずしも私の話を肯定的にとらえたものでなく「岩室先生の話は私には少しきつかった」といったネガティヴなものでもよいと思っています。多様な受け止め方があることを子どもたちが感じることができれば、私としても講演のしがいがあるというものです。

繰り返しになりますが、性教育については様々な考え方があります。そこで、私は性の教育で何を伝えたいかをリストアップしてみました。エイズの問題はもちろんのこと、愛とは、ペニスの悩み、援助交際の問題点、さらに各種の性感染症、セクシュアリティ、ゲイの問題、アダルトビデオの害……。もちろんコンドーム、コンドームの装着法も。100を超える伝えたいテーマがありました。

「コンドームの装着法を話すのはやめてください」と言われた場合には、もちろんそれを学校で教えることはしません。ただ、私の話を聞いた学校の先生から「やっぱりあそこまで言っていただいたのなら、コンドームの装着についても話した方が、子どもたちのなかですっきり落ちますよね」という感想をいただく場合も少なくありません。そのような学校では、翌年からは「(岩室先生の思いを込めた)コンドームの装着法まで教えてください」と必ず言われます。

これまでコミュニケーションの重要性を強調してきましたが、コンドームを子どもたちに伝えるに際しても、その前提として私自身も学校の先生たちとの連携のなかで、コミュニケーションを図っていくことが重要であるということです。

●コミュニケーションを意識したアプローチを

子どもたちから「避妊すれば、セックスしてもいいんですか」「いくつになったらセックスしていいんですか」と聞かれたとき、大人たちは決まって「責任がとれないからダメ」と突っぱねます。

私は子どもたちが聞いてきたときこそ、性の教育の最大のチャンス、すなわち、性を題材としてコミュニケーションを図る一番のチャンスだと思っています。

ぜひ聞いてみてください。「なぜしたいの?」「誰のためにするの?」「しないとどうなるの?」「するとどうなるの?」「した方がいいの?」「しないと何か失うの?」「そしたら何が起こるの?」「した結果、困ったらどうするの?」と。

こういう様々な投げかけをしていきますと、そのなかで、「アレッ、誰のためになんて考えてなかった…。彼のために? じゃあ自分は?」と、女の子は考える機会が持てると思います。

当然一回聞いただけではだめです。たとえば明日デートが控えているという場面に遭遇したら、「明日デートするのだったら、（セックスを求められたら）するの？　もしするとしたら何か気をつけるものなかったっけ」。これは否定形だけではいけません。「妊娠したらどうする？」「性感染症は大丈夫なのかな？」「（妊娠や性感染症の）検査を受けるって、どこへ行くの？」「病気になったり妊娠したりしたら、医者に行けるの？」「お金はどれくらいかかるか知っているの？」というようなことを聞いていきます。

セックスの経験を持っている子も当然いますので、そういう子には、さらに「生理はきたの？」とか、「してどうだった？」「症状がなくても、病気のことは知っている？」「性感染症の検査はどこでできるの？」「検査するにはいくらかかる？」「病気になったらどこに相談するの？」「親から保険証を借りられるの？」「どこの医者がいいかわかってるの？」……そんな話をしていきます（私の場合は、もちろん「ＨＩＶに感染したら、私が診てあげるよ」「男の性感染症も診てあげるよ」と加えています）。

頭でわかっていても、性被害にあう子どもたちもいます。わかっていたけれど、ついしてしまったという子どもたちもいます。その子たちが、次の機会に改めて自分の行動を考える、そういうチャンスをきちんと子どもたちに与えるために、「何かあったら、僕が診てあげるから、遠慮しないで連絡してきてちょうだい。私のホームページからメールを送れるよ。ホームページの探し方は『岩室紳也』と正確に入れればすぐに見つかるけど、名前ってすぐ忘れるよね。そのときは『コンドームの達人』で検索してみて。一発で見つかると思うよ」と言っています。実際、学校で講演した後、必ずと言っていいくらい相談や感想のメールが来ます。

性は誰もが興味を持つ、誰もが関わっている問題です。一人ひとりが性と共に生きている存在です。だからこそ誰もが、性の教育を「生きる力」を育む手段にできるのではないでしょうか。

次の章では、岩室紳也が行っている性の教育の具体的な内容とそのねらいを紹介します。

Ⅴ章　岩室紳也の性の教育

この章の**太字**の部分は、私が実際に子どもたちに話している内容です。他の部分は、その意図などについての補足や解説、また質問が出たときの対応の事例です。一度、各節ごとに**太字**部分だけを続けて読んでみてください。

1・リアリティと感動を

何度も講演に行っている学校でも、年度が変われば生徒とは初対面になります。初対面の若者にオジサン、オバサンが話をしにいく場合は、導入すなわち「つかみ」が重要になります。

学校という場で生徒という立場で日々受け取っている情報は、「正解」であったり「あるべき姿」であったりと、どちらかと言えば上（教師）から与えられた情報になります。その情報と同じような内容を同じような姿勢で話せば、「またか」と拒否的な態度を示されます。ですから私は、自己紹介を兼ねながら、自分の身近で最近起こったエピソードを紹介しながら話に入ります。

私は医者で、エイズの患者さんを診ています、そんな私の患者さんにこんな方がいます。20代の女性です。神奈川県の中学校、高校をごく普通にすごし、大学に行き、卒業して就職

しました。そこで誰もがうらやむかっこいい男性との出会いがあって、結婚しました。結婚1年目、二人は子どもがほしいと思い、周りの人も楽しみに待っていました。

そんなとき、皆さんだったらどうしますか。

その人も当然コンドームなしのセックスをして、子どもができることを楽しみにしていました。

このような導入であると、若者たちは「で、その人はどうしたの?」と生《なま》の事例に興味が持てます。ただ、この情報がどこまで事実に沿っているかは、さほど大事ではありません。もちろん患者さんや知人の話をする際に、プライバシーを守ることは最優先課題です。

●妊娠したらどうなる?

ここで、月経について少し説明をしておきます。教科書には性のことが丁寧に記載されていますが、若者たちには大切な情報が必ずしも伝わっていないことに着目して話を進めます。

聴衆である中学生や高校生の女子生徒に聞いてみてください。

さて、もしあなたが私の患者さんのように妊娠したら、あなたに起こる体の最初の変化は何? どのようになったら『妊娠したかも』と思うでしょうか。

「そんなの聞くまでもない」と思ったあなたは、若者たちの現実を知らなさすぎます。「生理、月経が止まる」と答えるのが当たり前というのは大いなる誤解です。そう言えない女の子がかなりいます。これはどうしてでしょうか。

自分の体に起こっている月経ですが、自分が行う性行為の結果として妊娠があり、それを確認するサインとして、月経が止まるということが実感を伴って理解できていないのです。もちろん「月経が止まる」と答えられる子も大勢いますが、いろいろな学校で「あなたが妊娠したら、最初に起こる体の変化は？」と聞いてみると、よく返ってくる答えは「お腹が大きくなる」「気持ちが悪くなる」「つわり」です。リアリティをもって自分の月経をとらえられていないということに危機感を感じます。

妊娠したら月経が止まるということは多くの大人にとっては常識ですが、多くの若者はそうした認識を持っていません。では、どうして私や多くの大人たちは、妊娠したら月経が止まるということ覚えたのでしょうか。授業とかではなく、おそらく、姉妹、教師、先輩、友だちといったいろんな人との関係性のなかで知識として教わり、友だちどうしで「知ってた？」と確認し合うコミュニケーションのなかで常識になっていったのでしょうね。

しかし、コミュニケーション環境が希薄になった若者たちは、社会の関係性のなかで学ぶことも期待できないので、月経が止まったときでさえ自分の妊娠に気づかないのでしょう。

●月経をリアルに感じてもらうために

ここで、月経についてさらに説明を加えます。

教科書に書かれていることを十分知ったうえで、いま月経の何を伝えておけばよいのか、伝えておきたいのかを考えます。

月経について言えば、１００人の女子生徒さんが講演を聞いているとすれば、少なくとも30人に1人は今日月経が始まったことになります。そのチャンスを活かします。

いま講演を聞いている女子の皆さんのなかで30人に1人は今日月経が始まりましたよね。そのあなたのお腹のなかでは今日から遡《さかのぼ》ること2週間前、○月○日の○曜日に、卵子が卵巣から出る「排卵」ということが起こっています。このことは教科書にも書かれています。その卵子と男性が持っている精子がくっつくと赤ちゃんのもとができる。こんなことは小学校の教科書にも書かれています。受精した卵子は、子宮のなかで赤ちゃんに育っていきます。子宮はお腹の下の方にあって、ちょうど私のこぶし大の大きさで、形もこんなものです。

5本の指をすぼめて子宮の形を作ります。こうすることで、ほぼ全員の目線を自分の片手に集めることができます。

卵子が出てくる頃に合わせて、子宮のなかにはふわふわの布団のようなものが敷き詰められて赤ちゃんが来るのを待ちます。ところが、セックスをしなかった、コンドームを使った、あるいはそういうこととまったく関係なく、偶然赤ちゃんができなければ、今回用意した子宮のなかの布団は要らないということで、排卵からちょうど2週間たったときに、その布団は体の外に出ていきます。それが月経です。

このように話すと、いま少なくとも30人に1人は、前の日も含めれば15人に1人は、いま自分の体に起こっている月経ということが、ちょうど2週間前の排卵という現象の結果起こっているんだなということが、少しは感じられるのではないでしょうか。

●若い女性に「安全日」はない

次に、月経はたんにそれを経験する女性だけの問題ではなく、パートナーにとっても関心を持つべきことを伝えます。

自分の体をきちんと知っておくという意味で、月経の初日がわかるように、カレンダーに印をつけておいてください。

じつは私は結婚して26年間、自分の奥さんの月経周期をずっとチェックしています。どうしてだと思いますか。

子どもたちにはもちろんのこと、講演を一緒に聞いている学校の先生方や大人たちに質問を投げかけます。ほとんどの答えは、「計画的な妊娠をするため」「避妊のため」というものです。私が求めている解答ではなくても、言いにくい言葉を口にしてくださったことへの感謝を込めて「生徒のみんなも、言いにくいことを先生はきちんと答えてくださったことに感謝しよう」とフォローします。一方で「体調を見るため」と曖昧な答えをする人には突っ込みます。「わかりません」と答える大人には、「今どきの若者のように『わか〜んな〜い』はだめですよ」と暗に警鐘を鳴らします。

その場の雰囲気を読んで、「安全日」「危険日」「(明るい) 家族計画」といった言葉が出てこない場合が多いのですが、私はあえてそのような言葉に置き換えて話を進め、「安全日」や「危険日」ではないことを強調し、月経と排卵の関係を説明します。

「安全日」「危険日」「明るい家族計画」。確かにそう思う人が多いですね。いつも月経が28日間隔で来ている人がいます。その人の次の月経はいつでしょうか。予想される28日後の月経開始日の14日前です。では、月経がばらついている人はどうでしょうか。

実際に月経周期をつけてみてください。あるときは25日、あるときは31日、あるときは28日。排卵日は次の月経の初日から遡ること14日前です。正確に計算できないよね。とくに中学生や高校生くらいの、体が完成していない時期は、ときには2か月くらい間があいたり、早く来たりするので、「安全日」というのは絶対にありません。

さらにこんなストレスで生理が遅れることも、排卵日がずれることもあります。

ある大学で講義をした後に、受講生の女の子から次のような相談を受けました。「セックスはしていないので絶対に妊娠はしていなければど、月経が3か月ほど止まっています。どうしたらいいでしょうか」と。よく聞いてみると、夏休みに語学研修で外国の家庭にホームステイをした後から月経が来ていませんでした。ホームステイと外国語オンリーの生活という二重のストレスで排卵が止まり、月経も止まったようでした。すぐに産婦人科への受診を勧めたところ、治療後間もなく月経が来たとのことでした。月経が止まっているということは排卵も止まっていることになるので、放っておくと将来妊娠をしたいと思ったときに妊娠できない、妊娠しにくい体になってしまう可能性があります。妊娠していなくても月経が3か月以上止まっているときは産婦人科を受診してください。

次のデートでセックスをするかもしれない。でも本当はセックスをしたくない。妊娠するのが怖い。そう思っている女の子にとって次のデートはストレスです。すると安全日と思っていたその日がじつは危険日になっているということもあります。

もちろん大人になって月経周期がおおむね安定し、月経の記録を一定期間きちんとつけていて、次回の月経がいつ来るのかだいたい予測できるとしても、ちょっとしたストレスで排卵日はずれます。

●男性も月経を理解しよう

私が家内の月経周期を気にかけるのは、次のような理由からです。

女性は月経のときに、絶対行きたくないところがありますよね。たとえば夏だとプールや海には行きたくない。長時間の映画など、同じ場所にずっと座っていなければいけないことも、女性にとってつらいものです。お腹が痛い、腰が重いということもあるでしょう。女性にとってつらい状況を、あえてお互いが楽しい思いをするときにぶつける必要はありません。

私たち夫婦は冬はスキーに行きます。夏は山登りをします。そのときに月経にぶつかるようなら、旅行の日程をずらせばいい。それだけのことです。旅行日程をちょっとずらすだけで、パートナーが楽なだけではなく、自分自身も一緒に楽しく旅行ができます。

さらに、月経のときや月経の前にイライラする人が少なくありません。そのイライラしているときに喧嘩になったり、言い争いになったりすると、しなくてもいい喧嘩をしてしまうことがあります。「イライラしているのはもしかして月経が原因だな」ということをパートナーの方が理解してあげられれば、「ここはこっちがちょっと我慢してあげよう」ということもできます。

「お腹が痛いなら、痛み止めを飲めばいい」と思うかもしれませんが、対症療法だけに頼るのではなく、様々なストレスと上手につき合うことが重要です。
さらに医者の立場で考えると、痛み止めを飲むにしても、その人に合った飲み方がありま す。月経が始まる前に飲んでおいた方がよい人もいれば、始まってから飲んだ方が楽だという人もいます。自分の体と対話しながら、自分に合った薬がちゃんと選べることが望まれます。さらに、最近はピルを上手に使うことで月経に伴う様々な症状をコントロールすることができるようになってきました。きちんと相談できる産婦人科の主治医を持つことを含め、月経との上手なつき合い方を考えてみてください。

講演のときに、話を聞いている男子生徒に次の質問をすることがあります。

もし君が、クラスの女の子から「生理でお腹が痛いんだけど、掃除当番を代わってくれる?」と頼まれたら、どうする?

当然「代わってあげる」という答えが出てきますが、こういう発想があることを知ってもらうことも大事です。もちろん、そう答えた生徒さんには「やさしいね」とフォローします。
でもこのような話をある大学でしたら、一人の女子学生さんからメールをもらいました。彼女が高校生のとき、家族でドライブに出かけたのですが、生理でお腹が痛くなってしまった。「ファミレスで休んでくれない?」とお父さんに言ったら、「そんなの我慢しろ」と言われたそうです。どうしてお父さんはそう思ってしまったのでしょうか。じつはお母さんは生理が非常に軽かったそうですが、娘さんはそうではありませんでした。お父さんは女性の月経についてはお母さんの経験でしかわかりませんでしたので、結局「我慢しろ」と言ってしまったのです。お母さんは、それでは娘が可哀そうだということで、結局お父さんとけんか別れになって、お母さんと彼女は電車で家に帰ったということでした。

私の話を中学のときに聞いた女の子が、高校でも再び私の話を聞く機会があって感想文をくれました。

「先生の話を中学のときに彼氏と一緒に聞きました。それ以降、彼が非常にやさしくなってくれたので、先生の話には感謝しています」とありました。さらに、「二人は長くつき合っているんだけれども、まだセックスをしていません。なぜかというと、私はしたくない。その私の気持ちを彼が大事にしてくれています」と。

このように、月経というのは、たんに妊娠の準備であるというだけではなくて、本人も、そしてそのパートナーにも配慮してもらいたいことがいろいろと付随してくる出来事なのです。

月経にまつわる様々なストレスとどう上手に向き合っていくかということも、月経を教えるなかでぜひやっていただきたいと思います。そして、自分が実践している事実だけを伝えることで、受け手がその人なりの思いで「思いやり」や「気づかい」について学んでくれていることを実感してください。これこそが性の教育のだいご味です。

●「特定の相手なら大丈夫」は誤り

さて、話を、私のHIVの患者さんに戻します。

彼女は妊娠したい。ところが妊娠というのは、したいときにはなかなかしないものです。彼女の場合も1年くらい子どもができませんでした。

ここが大きなポイントになります。HIV感染は、もし男性が感染していて、そのことに気づかずにコンドームなしでセックスをした場合、女性のパートナーにうつす確率は100回に1回といわれています。逆に、女性が感染している場合、男性のパートナーにうつるのは1000回に1回です。ただ、100回に1回しか感染しないということは、100回セックスすればほぼ確実に感染してしまうということです。子どもを望んでいる夫婦の場合は、当然のことながらパートナーに感染させてしまう可能性が高くなります。

やっと月経が止まり、産婦人科で赤ちゃんができたことがわかって喜んだとき、エイズ検査を勧められました。

「なんで私がエイズ検査」と彼女は思ったようですが、いまの時代、エイズ検査を勧めない産婦人科医や助産師さんがいたとしたら、それはヤブといってもよいくらいです。

自然な形で腟を通して赤ちゃんを産む場合、もしエイズウイルスに感染しているお母さん10人から1人ずつ、計10人の赤ちゃんが生まれるとすると、そのうち3人の赤ちゃん（正確には25％の確率）はエイズウイルスに感染した状態で生まれてきます。医学が進んだ今でも、残念ながらこの子たちは長生きできない場合が少なくありません。でも、お母さんが帝王切開、おなかを切って赤ちゃんを産むと、感染するはずだった3人中2人の赤ちゃんが感染せずにすみます（感染率は8％まで下がる）。さらに、お母さんがＨＩＶを抑える薬を飲んで帝王切開で赤ちゃんを産むと、母子感染はほぼ0％にできます。ですから、「母子感染予防のために、エイズ検査を受けてください」と勧めているのです。

彼女は、当然自分が感染しているとは思わず、「主人はゲイでもないし、私も不特定多数とのセックスをしていたわけでもないのに、どうしてエイズ検査をすすめるのですか。それにお金がかかるのだったら受けたくないです」と話したそうです。でも産婦人科の先生は「私もそう思っていましたが、今の日本では恋人間、夫婦間で感染が広がっているのですよ」と彼女を説得したそうです。そして彼女はエイズ検査を受け、ＨＩＶ感染が判明しました。

エイズウイルスの感染経路の一つが性行為であるとは知っていても、彼女はエイズを自分の問題と考えたことはなかったと言います。エイズをゲイの人の病気、遊んでいる人の病気、不特定多数とのセックスでうつると思っていた彼女にしてみれば、晴天の霹靂《へきれき》です。

現在、皆さんがＨＩＶに感染するのは「セックス、輸血、薬物の回し打ち、刺青《いれずみ》」という四つの行為だけと言い切れます。彼女は輸血、薬物の回し打ち、刺青をしていないのはもちろん、ご主人以外の人とセックスの経験がありません。そのご主人にしても、輸血も薬物の回し打ちも刺青もしていません。

なぜ彼女が感染してしまったのでしょうか。

●コンドームの効果と限界

図16は、自分の周りにいる多くの人たちで、誰と誰がセックスをして、どういう関係になっているのかを表したものです。ここにいる大勢のなかで1人感染している人がいたとしたら、その人とセックスをした経験のある人から、次の人へ、そのまた次の人へと感染が広がっていく可能性があります。

彼女のご主人は、輸血も、薬物の回し打ちも、刺青もしたことがありません。ただ高校時代に1人、大学生のときに2人恋人がいたそうです。「だとするとその誰かから感染したんだろうね。コンドームをつけなかったことは」と聞くと「あったかもしれません」と言っていました。

いま、ここにいる人で、誰かと、一度でもコンドームなしのセックスをしたことがある人は感染している可能性がありますよ。でも、一度もセックスをしたことがない人はこれから注意すれば大丈夫です。

この図の点線で結んだセックスパートナーの一番外にいる人（※印）は、たった1人としかセックスをしていません。しかし、そのパートナーが前の人と、前の人がそのまた前の人からという形で最初に感染していた人につながっていると、多くの人に感染が広がっていきます。たった1人としか

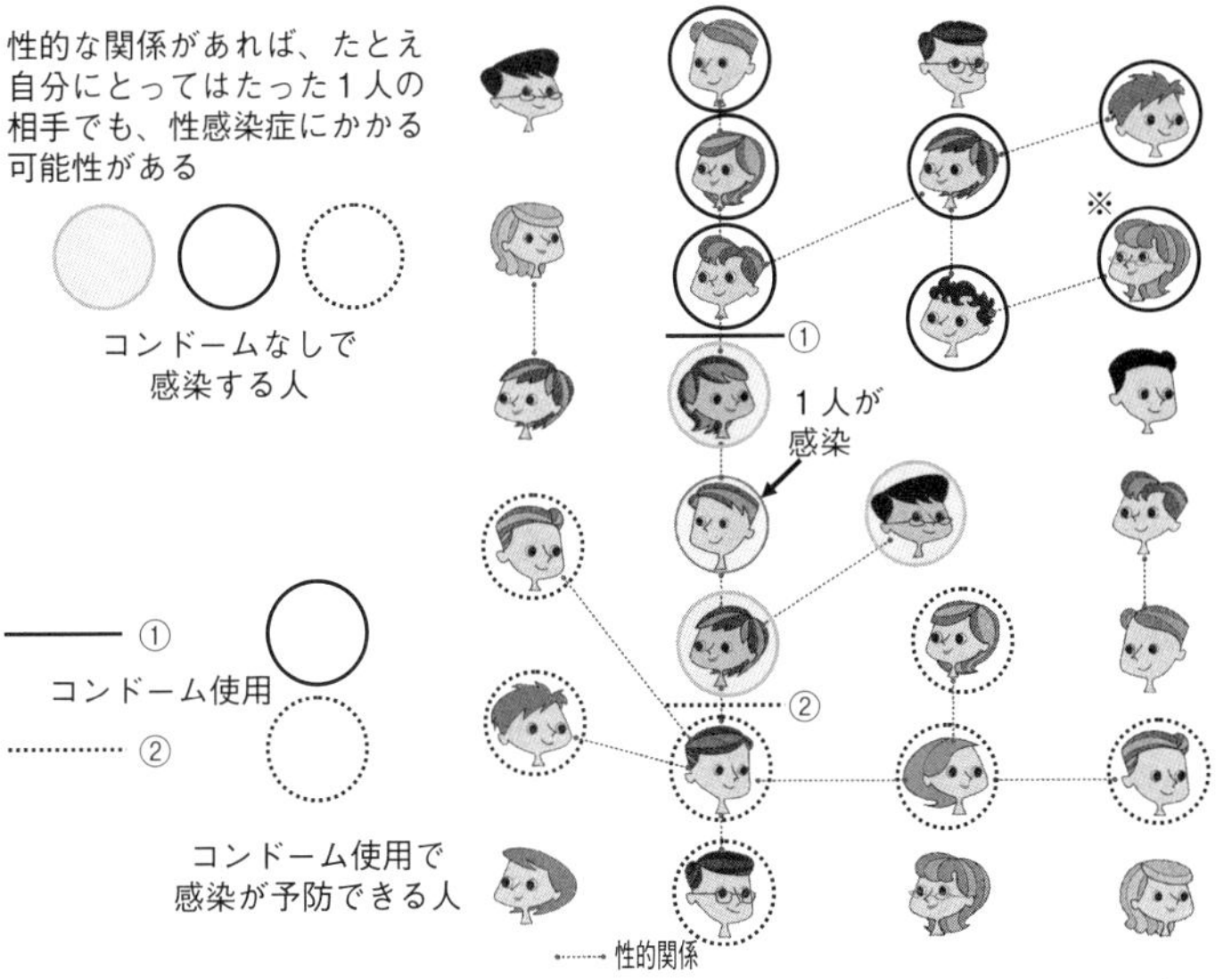

図16 性感染症が広がるネットワーク（岩室紳也『性感染症を知ろう』いきいき思春期シリーズ３、日本家族計画協会、2003年）

セックスをしていなくても、そのパートナーがＨＩＶを持っていれば、感染する可能性があるのです。

もちろんすべての人がセックスをしない。すべての人がコンドームをする。すべての人が検査を受ける。これが徹底されればＨＩＶは広がりません。

公共広告機構のコマーシャルに「元カレの」「元カノの」というのがありましたが、図16を示すだけで、セックスをする人がつながることで感染が広がることを、そして、その図のなかに自分が存在していることを確認することで他人事ではないことも実感してもらえると思います。

同様の絵は教科書を含めていろんなところで紹介されていますが、多くの場合、セックスをしていない人が図のなかに含まれていなかったり、同性愛、両性愛といったことが表現されていなかったりしているため、セックスをしていない人やＭＳＭにとって他人事の図になっています。図16であれば、誰でも自分の居場所を確認できると思います。

セックスで感染が広がるその経路の途中で、誰かがコンドームという方法で感染の拡大を止めていたならば、そのあとにつながっていた人たちには、感染は広がりません。この図のなかにあるたった二つの場所でコンドームが使われると、それによって感染する人が何分の1にも減っていくわけです。

日本では、ＨＩＶ感染はまだ爆発的にはなっていませんが、その理由に日本人のコンドーム使用率の高さが挙げられています。いろいろな研究がありますが、20％とも50％ともいわれています。もともと感染力の弱いウイルスですから、ある程度コンドームを積極的に使う環境があれば、感染拡大は予防できるのです。

私の患者さんのうち、薬害エイズ、刺青、薬物の回し打ちで感染した人を除く全員がコンドームを使わずに感染しています。10代にコンドームを使わないセックスをしたために感染してしまった人が何人もいます。20歳で感染がわかった女性は、元彼《モトカレ》から携帯に「おれ、エイズになった。『セックスした人に連絡した方がいい』と主治医に言われたから、メールを入れた」とメールが入ったそうです。そこで、保健所に行ってエイズ検査を受けて、感染が判明しました。

コンドームを使っていたけれど破れたという人もいます。コンドームが１００％安全なわけではありません。

コンドームの有用性を伝えるとともに、その限界もきちんと伝える必要があることをあらためて強調したいと思います。

●ゲイについて

患者さんの言葉を借りる形で、「ゲイでなくても感染するのですか」というやり取りを入れておくと、自然な形でゲイという話題に移行できます。それをさらに聞きやすいように、岩室紳也とゲイとのかかわりについて紹介しておきます。

ところで、私はエイズに関わるまではゲイ、同性愛ということをあまり意識したことはありませんでした。HIV感染がゲイの人のなかで広がりをみせていることを知ったときは、男どうしで抱き合っているなんて気持ち悪いと思っていました。

ゲイのことを講演のなかで話すとき、私は自分自身がゲイを理解するにいたったプロセスを話すようにしています。最初から全部を理解しているような顔をすると、子どもたちは「指導されている。理解しなきゃいけないんだ」というふうに感じています。でも正直に話すと、「へえ、あのおじさんは、最初はゲイのことが全然わかってなかったんだ。気持ち悪いと思ってたんだ。でもそれが間違いだったということに気がついたんだ」という過程がわかり、すんなり私の経験を聞いてくれるように感じるからです。

私がゲイというセクシュアリティについて少しばかり理解できるようになったのは、確か1994年、国際エイズ会議が横浜で開かれたときでした。

当時、ゲイ、同性愛、ホモ、オカマ、そういう言葉の違いすらわかっていませんでした。ちなみに、ゲイ、同性愛、ホモというのは、性的な意味で同性が好きな同性、ホモセクシャルということです。それに対してオカマというのは、女性の格好をしたがる男性で、必ずしも男が好きということではありません。

国際エイズ会議のボランティアをやっていて知り合ったあるゲイの人から、「コンドームがいかに大事なのか、コンドームの正しいつけ方を含めて、岩室先生の思いを仲間に話してほしい」と頼まれ、初めてゲイの人たちの集まりに出席しました。

正直、最初は、ゲイの集まりに行くのは気持ち悪いなあと思っていました。会場に入ったら、なんと50人くらい、自分でゲイを名乗っている人たちがいました。違和感を覚えたのは最初だけで、すぐに中学3年生くらいの、すごくきれいな顔をした男の子と目が合って、「あ、かわいい子だな」と思いました。私自身が性的な興味を持ったということではありませんが、そう思った瞬間、「周りのおじさんたち、お兄さんたちは、彼に性的な興味をもつだろうな。でも僕はもたない。なぜ?」と思ったものの答えは見えていませんでした。

私のコンドームの話が終わり、宴会になったときに思わず「どうしてゲイなのですか。いつから気がついたのですか」とそこにいる人たちに聞いたら、逆に「岩室さんはどうして女性が好きなんですか」と聞き返されました。そんなもんだと思っていたものの、自分ではうまく説明がつかないんですね。思春期を迎える前から女の子のことが好きで、思春期を過ぎたらその思いが加速していったとしか言えません。「男なら女のことが好きになるのが普通でしょ」と言えば、「じゃあ、おれたちは変なのかな」とやんわり牽制されると返す言葉がみつかりませんでした。ゲイの彼らも気がついたらゲイだったと話してくれ、「あ、それだけのことか」となぜか素直に納得がいきました。

会場を見渡すと、見た目はどこにでもいる男の人たちがいるだけで、たまたま男が好き、同性が好きだというだけなのかなと思いました。それでだいぶ吹っ切れて、そのあとゲイの友だちもできました。うちに遊びに来て泊まったりするほど仲よくしていて、家内と3人で夜遅くまでしゃべっていたときは、彼がゲイであるということは完全に忘れていました。

●セクシュアリティをどう伝えるか

「私の友人の性生活は、友人として家族ぐるみのつき合いをしているときにおいては、全然関係ない」ということを実感したときに、自分のなかで、「セクシュアリティというのはその人の生き方であって、たんなる友人である自分とはある意味、関係ないことだ」ということがスッと腑に落ちました。

自分のことで考えればわかりやすいのですが、「どんなところで性の話をしていても、岩室紳也という男がどういう性生活をしているかなんて考える人はいないはず。いるとしたらそれはむしろ変態的な意識で、他人の性生活、セクシュアリティというのは、その人のプライベートなもの」です。

こうしたことをいろいろな学校で話しているのですが、ゲイの話をちょっと出すと生徒が大きくざわめく学校が多いなかで、ある高校ではシーンとして、まったく反応しないことがありました。講演が終わった後で、養護教諭の先生が「この学年にはゲイをカミングアウトしている男の子がいるんです。それを言っておかなかったですね」と言われました。「ああ、自分のセクシュアリティを高校時代からカミングアウトできる時代になったのかなあ」と感慨深いものがありました。

ともかく、セクシュアリティは一人ひとりの生き方なんだ、ということを子どもたちに伝えていきたいと思っています。

私自身が自分のセクシュアリティを意識していなかったにもかかわらず、ゲイというセクシュアリティを嫌悪していた経験から、セクシュアリティについて伝えるときには、「ゲイとは……」といった論ではなく、自分の経験を通してセクシュアリティを考えてもらえるように工夫しています。そして、次のような質問をぶつけると、感覚的にセクシュアリティというのが理解されるという経験をしています。

あなたは男ですか、女ですか。

どうして男だと、女だと言えるのですか？

こう聞かれたら、男性の人は「ペニスがついているから、男です」とか、女性の人は「月経（生理）があるから女です」とか、「赤ちゃんを産んだから女性です」と思うでしょう。

しかし、大勢の前でこう聞かれると、反射的に「ペニス」とか「月経、生理」といった当たり前の言葉を口に出きないものです。人前で自分が男性か女性かを科学的に表現すること自体に抵抗感があることが「性」を取り巻く環境の現実です。

次に、
性的な対象として恋人にするには男がいいですか？

性的な対象として恋人にするには女がいいですか？

と聞きます。異性愛者の人は、「異性がいいです」と言うでしょう。その人に、「ではどうして異性がいいのですか」と聞くと、「自分にないものを持っているから」とか、あるいは「魅力を感じるから」とか、なんとなく曖昧《あいまい》なことしか言えないと思います。

どうして言えないんだろうね。でも、それが性というものです。

私もわからなかった。言えなかった。でも、ここにいる人たちのなかで50人に1人はゲイだよ。そのゲイの君に、エイズで亡くなった僕の友人の遺言です。「セックスをするなら絶対にコンドームをつけろ！」こう言い続けてくれと言われていますのでお伝えします。

同性愛者の人とは限りませんが「同性が好きです」と答える人がいたときは、「ゲイの人はどれくらいいるかご存知ですか」と聞くようにしています。学校の先生なら教室に戻ったときに誰が同性愛の嗜好を持っているかを考えてみてください。一般の方なら駅前で２００人の男性をカウントしてみてください。どんなに少なく見積っても確率的にはそのなかにゲイの方がいるはずですが、おそらく誰がゲイかわからないでしょう。なぜなら性的嗜好は見た目の問題ではないからです。

「ゲイってこういうこと」と話すのではなく、「ゲイってありだよね」と話す方が実際にゲイに対する理解と受容が進むだけではなく、その場にいるゲイの若者自身の自己肯定感も高まり、感染予防行動がとられやすくなります。

JaNP+（日本ＨＩＶ陽性者ネットワーク：ジャンププラス）代表の長谷川博史さんに「ゲイをどう理解すればいいのか」と聞いたときに明快な答えをいただきました。「知るより慣れろ」と。

2・夢精とマスターベーション

先に女性の月経の話をしましたが、男性が二次性徴で悩むことの一つに夢精があります。とくに小学校高学年から中学校低学年が対象のときは、なるべく夢精の話を入れます。いま、夢精を一度も経験していない子どもたちが、3割くらいいると言われていますが、夢精経験者に関するサポートは昔も今もなされていません。

●夢精とその処理

私が初めて夢精を経験したのは、中学2年生になってすぐの頃でした。朝起きると、パンツに何かベトベトしたものがついている。さて、これをどうしたものかと悩みました。学校に行く時間は迫っている。パンツをはきかえて洗濯かごに入れればよいのではと思う人がいるかもしれませんが、パンツが2枚洗濯に出ていれば親にバレてしまいます。どうしたか。私は一所懸命パンツについたベトベトを拭いて、それを裏返しにはいて学校に行きました。

2、3日してまた同じことが起こりました。やはりこれが何なのかよくわからない。また同じように拭いて、裏返しにはいて学校に行こうとしましたが、時間割をみると、その日は体育がありました。体育で運動着に着替えるときパンツが他人に見られてしまうかもしれない。パンツを見られたくないので、前の日のパンツを洗濯かごから引っ張り出して、２日連続同じものをはいて行きました。

こんな経験をしたということを、じつはずっと忘れていました。性教育を始めるようになって、自分が性について何を悩んだかと言われても、最初はパンツのことなど全然思い出せませんでした。結局自分にとって不都合なこと、恥ずかしいことは、無意識のうちに自分の記憶から消し去っているのでしょう。そうやって記憶から消し去ることでストレスを解消していたのかもしれません。でも、性教育をするなかで、小学校高学年の男の子のお母さんから「息子のパンツが少しずつ無くなっていくんです。どう考えたらいいでしょうか」と聞かれ、すぐに夢精だとわかったものの、自分の経験を一つひとつ丁寧に思い出してみると、「ああ、夢精で悩んだこともあったな」ということに気づきました。

パンツにもし精液がついたら、ちゃんと下洗いして洗濯かごに入れ、洗濯してくれる人に頼むか、あるいは洗濯機をまわして自分で洗濯すればいいんだよ。

早い子は10歳くらいから夢精が始まりますが、男の子のお母さんには、そう子どもたちに教えてあげればよいこと、そしてただ情報を与えるだけではなく、親子で考えるチャンスにしてほしいことを伝えます。

「そうね。中3から高3くらいまでは、ほとんど毎日、多い時は一日に5回だよ。」

「じゃあ、先生の身長は？」

「164センチ。」

「やっぱ低いじゃないですか。」

「確かに。でもオレのオナニー仲間はね……」

「オナニー仲間って？」

「中学の途中から高校時代までは4人部屋の寮生活だったんだ。みんなでオナニーなんてあたりまえ。その仲間の一人は190センチくらいあるよ。」

「じゃあ、回数は関係ないんですね。」

「当たり前。だいたいそんなことを考えているようじゃ背も伸びないね。」

大人たちにとっては当たり前だった環境が、今やどんどん失われていっているのです。

●正しい方法を知らない若者たち

このように、マスターベーションについて「悩むなよ。してもいいんだよ」と言ってきた私が、最近非常にショックに感じているのは、マスターベーションの正しいやり方がわからない若者がいるということです。これは、泌尿器科の、それも男子不妊症に携わっている医師と話しているなかで知りました。

子どもができないことの理由には、女性に問題がある場合と男性に問題がある場合とがあります。男性に問題がある場合の理由としては、精子の数が少ない、インポテンツなどいろいろありますが、最近では「ペニスの腟への挿入による性行為ができない」という男性が増えていることが、日本性機能学会、あるいは日本生殖医学会などで話題になっています。

どうしてそんなことになってしまったのでしょうか。

これはそもそも、その人たちのマスターベーションのやり方が間違っているところに問題があるようです。間違ったマスターベーションとしては、ペニスを床やベッド、机などにこすりつけて射精するという例があります。そのように強い刺激でマスターベーションをしていた人は、腟に挿入することができない、あるいは腟内で射精ができないというトラブルが起こってきます。

さらに、インターネットを検索してみると、次のような相談がありました。

「私の彼氏はオナニーの仕方がみんなと違います。机に乗って角にペニスを押し付けてそれを動かしてするんです。普通の人はペニスが勃起して射精すると思いますが私の彼はオナニーするときは勃起しません。勃起をせずに射精します。そのせいでオナニーをした次のセックスは必ずと言っていいほどペニスが萎えてしまいます。そうなると二人の雰囲気も悪くなるんです。どうしたらいいでしょうか?」

この相談を見つけたときに、少し意味不明な点もあるけれど気になり、男性の射精障害について専門に研究と診療をされている獨協医科大学越谷病院の岡田弘教授に相談しました。

「これは、おそらく女性を騙《かた》った男の人の相談でしょう」と、このようなマスターベーションを続けた結果、射精障害をきたしている男性が多いことを教えていただきました。

●マスターベーションの正しい方法

このような話を聞いて、さて、私はどこでマスターベーションを覚えたのかと記憶をたどってみました。それまでは、誰かから教えてもらったのではなく、いつの間にか自然に覚えたと考えていたのですが、じつは自然ではなかったということを思い出しました。

中学2年から寮生活を始めた時点では、私はまだマスターベーションはしていませんでした。当時、性の情報が載っていて人気の小さな本がありましたが、それを友だちに勧められて買って読んでみると、確か「男性のマスターベーションは、エッチなことを考えているとペニスが勃起します。そのペニスの亀頭部の段になっているところを、指を輪っかにして直接刺激したり、包皮が亀頭部を覆《おお》っている人は、包皮を前後に動かしたりすると気持ちよくなって、射精ということが起こります」というようなことが書いてありました。それで、そのとおりにやったら、なんと射精が起こりました。そして気持ちがよかった。自分の手を使って亀頭部を刺激して射精するということを教わった結果、それが当たり前というか、そうすることがマスターベーションと学習しました。

ところが、いまの子どもたちは、私がしたような学習ができていません。かといって、学校であまり具体的に説明すると混乱を招くので、次のようにサラッと話します。

マスターベーションで射精するということは、興奮→勃起→射精→満足→おしまい、という男性の性衝動の解消法としてすごく大事なことだけど、最近、正しいマスターベーションができない男が増えているんだ。マスターベーションの注意点は二つ。

口には出さないでしょうが、「えっ。マスターベーションに注意点なんかあるんですか?」と思う子どもたちは少なくないはずです。

その一。手を使うこと。最近、床やベッド、机にペニスを押し付けてマスターベーションをする人が増えていますが、そのような方法だと将来まともなセックスができなくなるから注意が必要です。

私がこのように、あまり具体的ではないのですがさらっと話をすると、後で私のところに「どうすればいいんですか」という相談が、かなりの数寄せられるようになりました。

われわれ大人が育った時代は、友人や学校の先輩、あるいはいろんな人生の先輩から、とくに意識していないコミュニケーションのなかで、マスターベーションの方法も教わっていました。それは恥ずかしい経験であったり、われわれの世代では表立って口にしてはいけない経験だったりしたので、教わったことは口に出さないまま今に至っています。

でも、いまの若者たちは、そうしたコミュニケーションがないうえ、そういうことをきちんと教えられてもいないから、たとえばベッドに体を横たえているときになんとなくペニスが勃起して、体とベッドに挟まれるような状態でそこに快感も共存して射精が起こった。すると「あ、こういうふうに射精するものだ」と学習し、それをその子なりのマスターベーションの方法として繰り返しているようです。その結果、将来的に性生活がうまくいかないということになっているという非常に厳しい現実があります。

●アダルトビデオ、裏ビデオ、アダルトサイト、二次元の危険

マスターベーションの注意、その二。アダルトビデオを見ながらしないこと。「いつもそうしている」と思った君。アダルトビデオのような架空の、作り物の、空想の世界を何度も見ていると、それを信じ、同じようなことをしなければならないと思い込み、インポテンツになったり、まともなセックスができなくなるぞ。アダルトビデオで最低なのは、レイプもの。レイプされた女性が途中からセックスを楽しんでいる場面なんてあり得ないんだよ。二

次元にはまっていると生身の人間を相手にできなくなるぞ。でも、見るなとは言わない。だって、この岩室紳也も見てるから。

私たち大人の世代はアダルトビデオを見ても、そこで行われているセックスは非常に偏ったもので、完全なつくり話であるということを理解しながら、一つの娯楽――というと女性に叱られますが――、そういう意識で見ています。非現実の世界だからこそ、ああいう表現がされているのだと知っています。

ところがいまの子どもたちのなかには、他の人とのコミュニケーションが稀薄であるため、アダルトビデオに描かれているセックスが架空のものであるということがわからない。それを信じ切ってしまっているために、様々なトラブルに巻き込まれています。二次元（アニメ、ゲーム等の）キャラクターに恋愛感情を抱き、はまるのも、対人関係が苦手だからです。

では、アダルトビデオ、インターネットのアダルトサイトなどを「見るな」というだけで問題が解決するでしょうか。私は「禁止」を打ち出すほど、隠れて見る子どもたちが増えるだけだと思います。そこで、私はアダルトビデオの話題に触れる際に、次のように言います。

見るなとは言わないよ。でも見るんだったら5人以上の仲間で見なさい。大勢でじーっと見ていないで、お互いの感想を言い合いながら見ていると「気持ち悪い」とか「これって変」といった、自分とは違う感覚で見ている仲間がいることに気がつくはず。所詮つくりもの、虚構の世界だよ。そして女の子は、彼氏に無理やり見せられたときに「嫌だ」と思ったらその思いをきちんと言おう。「こんなのを自分の彼女に見せる男って最低」って。

映像で示されるとそれを信じ込んでしまう世代には、どう映像と向き合うかをきちんと伝える必要があります。実際、私の患者さんで、インテリと言われる部類の方が、結婚したけれども性生活ができない。セックスをしようとするとインポテンツになってしまうという人がいました。その理由はなかなかわかりませんでした。

カウンセリングを重ねるなかで患者さんとの間で信頼関係ができてきたとき、この人が一言「泌尿器科の先生はいいですよね。先生はセックスが強いんでしょう」とつぶやきました。

「えっ、セックスが強いって、どういうこと？」

「先生はセックスが強いから、セックスに自信があるから僕みたいなインポテンツの患者の診療なんかできるのでしょう」。

これは相当な誤解です。

「じゃあ、あなたが考える強いセックスって何なの？」と聞くと、

「バッコン、バッコンするセックス」。そういう表現をしていました。

よく聞きますと、アダルトビデオに出てくるような激しいセックスが強いセックス。そして自分が理想とするセックス。それをイメージしながら、新婚の奥さんとセックスをしよう

したけれども、うまくいかない。

「そんなセックスをしている大人なんて、いないよ。なにバカなこと言ってるの」

「私を慰めなくても結構です。私の友だちはみんなそうしています」。

これは友人にからかわれているだけですが、その事実に本人は気づけなかったようです。

長い間、カウンセリングを繰り返した末、彼は自分にとってどういうセックスが普通なのかということがわかり、ようやく性生活が営めるようになりました。

このことを新聞記事に書かせてもらったら、その記事が出た朝、その彼から電話がありました。「この記事は僕のことでしょう。でも、僕と同じようなことを多くの人が悩んでいるとしたらとんでもないことなので、先生、ちゃんと伝えてください」と言われたのは、いまでも忘れられません。ほぼ10年前の話です。

こんにち、性機能障害を専門にしている医師たちは、「あまりにも激しすぎる裏ビデオをみて、インポテンツ、射精障害になっている人が非常に多い。しかもインテリと言われる部類の方で、人を相手にする仕事ではなく、どうもコンピューター相手の仕事、ＩＴ関係の仕事をしている人たちにそういう傾向があるようだ」と言っています。

●男女の性欲の違い

男女の性欲の違いをどう教えるかについては様々な考え方がありますが、私は平易に、それぞれの気持ちを表現すれば、おのずと理解が進むと思っています。

女の子に男の子のマスターベーションの話を聞いてもらったのは、多くの女の子は彼氏ができると戸惑うよね。彼氏ができてもあなたはセックスがしたいわけではなく、「彼と話しているだけで楽しい」と思っているのに、なぜか彼は肩を抱きたがり、キスをしたがり、セックスをしたがる。男だから仕方がないかな、と自分の気持ちとは関係なく、なんとなくセックスに応じる子もいたりする。「キスすることは好きだけれども、どうもセックスは嫌だな」と思っている子もいるはずです。「彼のことは大好きでも、セックスは嫌だ。だけど断ると嫌われる。どうすればいいんだろう」と悩んでいないかな。「セックスしたい」と思っている女性も、本当に「セックス」がしたいのかな。

男は確かにエッチな存在で、彼女ができたらセックスがしたくなる。でも、あなたはあなたがしたいようにすればいいと思うよ。

「自分がどうしたい」という確固たる意志があり、そのことを自分で選択した人は偉いなと思っています。友だちと比べるなかで、「一人だけ彼氏（彼女）がいないのはカッコ悪いから、とにかく彼氏（彼女）をつくちゃおう」という子どもがいます。昔は本能的にパートナーを求めていたのが、いまは本能というよりは、彼氏（彼女）がいないのは他人と比べてかっこ悪いという体裁から、みんなと同じになるべく「彼氏（彼女）づくり」に走っています。

では、そもそも人はなぜセックスをするのでしょうか。「誰かといたい」「二人でいたい」という気持ちは女性に強く、「セックスをしたい」という気持ちは男性に強いわけです。「射精をしたい」という気持ちは当然のことながら男性にしかない強い衝動です。確かに保健の教科書にも男女の性意識の違いは書かれていますが、性衝動に関する具体的な男女の違いを学べる場面は皆無と言えます。その一方で、世間には、それぞれの性を誤解させるような情報が氾濫しています。

●女の子を煽《あお》り、男の子が誤解する性描写

私は近年、レディースコミックをはじめとする女性を読者ターゲットとした漫画などで、女の子を煽り、その結果男の子が女性のことを誤解してしまうようなパターンの性描写が氾濫していることを危惧しています。アダルトビデオに描かれているように、激しいセックスで女性も男性も満足するという昔ながらのワンパターンです。女性向けと言われる雑誌を多

くの男性が読んでいます。このような情報を刷り込まれると、やっぱりセックスというのはしなきゃいけないものだという気持ちが、女の子に出てきます。

男の性欲は自分でもわかるけど、「興奮→勃起→射精→満足→おしまい」ですよね。男ってエッチな存在です。時としてむなしくなることもあるけど、このエッチな気持ちとつき合わなければいけないんだ。援助交際とか、痴漢とかが盛んに報道されるけど、

いきなりマイクを持って校長先生の所に走り寄り、

「校長先生は痴漢をする可能性はありますか？」

「ありますね。」

と答えてくださる男性の校長先生は少なくありません。

君たち、いい校長先生に教えてもらっているね。何を隠そう、この岩室紳也だってそのような事件を起こす可能性はあります。でも、やらないように気をつけています。だってみんなも明日の新聞に「性教育で有名な岩室紳也容疑者（医師）、痴漢容疑で逮捕」なんて出たら嫌だよね。みんなの前でこうやってしゃべっていた人間が犯罪者になるのはたまらないと思うでしょ。そうやって先を読む想像力で、自分の気持ちをコントロールしているんだ。

彼氏の部屋に行ったら、望んでいなかったのにセックスを求められた。彼は部屋に来たんだからセックスはOKという風に考えた。このようなすれ違いはよくあることです。

でも女の人の場合、セックスをどう考えているかは個人差が大きいよ。本当は大人たちがちゃんとみんなに話してくれるのが理想だけどそうもいかないよね。

ではここにいる女子生徒の皆さんが30年後、全員結婚をしていて、経済的にも恵まれ、子どもも4~5人いて、ご主人とはラブラブで当然セックスもしていて、その生活に満足している。そんな皆さんが、集まって、顔を隠し、声を変え、本音で「自分にとってのセックス」を語ったらおそらく、次の3つのパターンの声がでるでしょう。

「主人との、セックスという行為自体はあまり好きじゃないかな。でも一緒におしゃべりをしたり、一緒にいることはすごく好き。」

「そう? 彼のことは大好きで、彼と抱き合っていたり、2人の温もりを感じ合っているのが好きだけど、セックスはどうでもいいかな。」

「へんなの。セックスってすごくいいじゃない。私は大好き」という人もいるでしょう。女性のセックスに対する思いは多様なのです。

ところが、女性の気持ちが多様であるということを、子どもたちの周りにいる女性たちは語っているでしょうか。ほとんど語っていません。その結果、いまの子どもたちは氾濫する性情報を通して、「女性も積極的にセックスに対応していかなければならない」というふうに誤解しています。

３・妊娠と性感染症

●妊娠が一番の関心事

セックスをすると何が起こるのでしょうか。

セックスで妊娠が起こる。性感染症が起こる。ＨＩＶ感染が起こる——。このことを子どもたちに伝えるには、それぞれが、同じパターンで別々の現象が起こるということを伝えることが効果的だという印象をもっています。

さっき紹介した、僕の患者さんでエイズウイルスに感染していた妊婦さん。彼女は子どもが欲しかったからコンドームを使わなかったんだよね。そして気がついたらご主人からエイズウイルスをもらっていた。どうしてかわかる。

性交の結果、妊娠が起こる。このことは当然のことですが、小学校の教科書では「性交」は扱いません。中学校では膣内に入った精子が卵巣から出てきた卵子と出会って受精が成立することは図解されていますが、「性交」という言葉はありません。性感染症の単元で「性感染症とは、性的接触によって感染する病気」と書かれていますが、これが妊娠するときと同じ行為で起こるとは具体的に書かれていません。高校の教科書には「コンドームは、性交の際に陰茎に装着し……」と書かれていますが、妊娠と性感染症が別々の単元に書かれているため、若者たちが心配する「妊娠」と、若者たちにとって深刻な「性感染症」が同じ性交という行為で感染することがイメージされないようです。

彼女が妊娠したのは、ご主人のペニスから出た精子が腟から子宮を通って彼女の卵子と一緒になったから。

ここでさらっと図17を黒板かホワイトボードに書くと、子どもたちがイメージ化しやすいようです（最初の時点ではバリア、すなわちコンドームは描きません）。男性のペニスから精子が出てきて、それが女性の

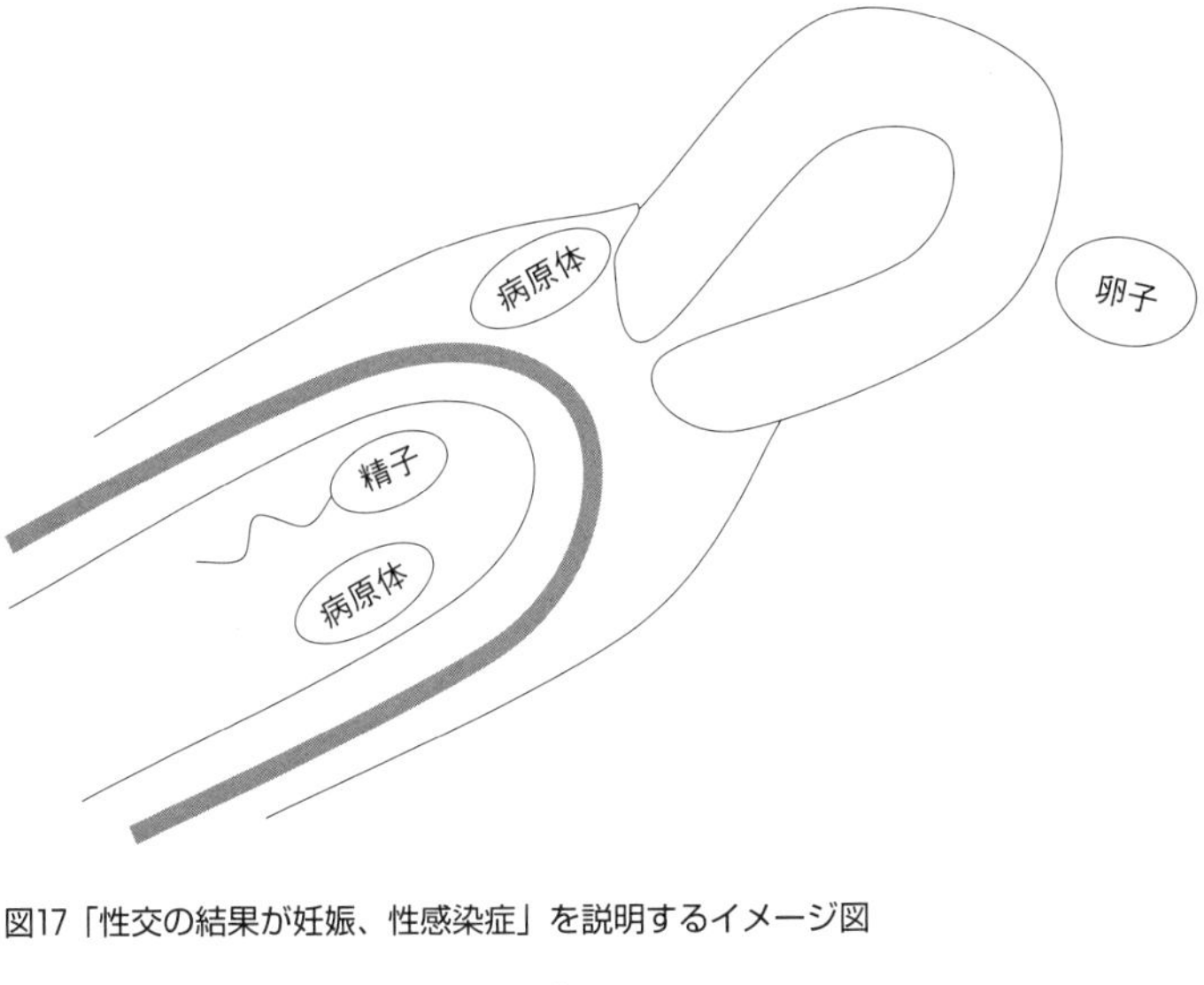

図17「性交の結果が妊娠、性感染症」を説明するイメージ図

子宮に入っていく。そこで妊娠ということが起こる。精子と同じ方向で、男性が持っている病原体（実際の絵にはＨＩＶ、クラミジアと表記）が女性に移行することがわかってもらえます。

ご主人の精液のなかにエイズウイルスがいれば、当然彼女が感染してもおかしくないし、もし、彼女がエイズウイルスを持っていたら、女の子だったらわかると思うけど彼女の帯下《おりもの》、膣分泌液のなかにエイズウイルスがいます。それが男性の尿道に入れば男性は感染する可能性があります。では、感染を予防するにはどうすればいいですか。

もしその病原体がＨＩＶで、どちらかが感染しているという場合を考えてもらいます。「ＨＩＶ感染では症状がない。ではどうやって予防すればよいのでしょうか」と。

この質問を投げかけると、多くの人は「コンドーム」と答えますが、本質的な正解は「性交（セックス）をしない」です。感染させるあるいはする臓器、つまり相手のペニス、子宮、膣が存在しない状態になりますから、これが感染予防ではもっとも確実です。

でも、もしセックスをするなら、どちらかがＨＩＶを持っていても、そのＨＩＶのやりとりが成立しないよう、ペニスと膣や子宮の間にコンドームという膜のバリア（障壁）を置くことが有効です。これを言葉でなく図17のように視覚に訴えることで、きちんと伝わると考えています。

では、あなたが将来結婚したとします。すぐにでも子どもが欲しいと思っています。ところがコンドームを使わないとエイズウイルスに感染する可能性があります。ここまでわかっていて、さてあなたはパートナーに「二人で保健所でエイズ検査受けようよ」と言えますか。「言えない」とすると私の患者さんになるかもしれませんね。

答えのない状態で終わる話もあります。答えは子どもたちのなかで、おのずと生まれてくると思います。

●情報過多の失敗

次は、私が非常に欲張っていた頃の失敗例です。

ある進学校の高校で、「避妊に有効なのはピル、コンドーム……。さらに性感染症としてエイズウイルス、クラミジア……それらを予防するにはコンドームかノーセックス」。いろいろ伝えたいと思って、それをたった1時間に凝縮して話しました。講演の後、校長室で校長先生らと懇談していたときのことです。そこに女子生徒が来て、私に確かめるように投げかけられた言葉に反省させられました。私の話し方が悪かったのか、ボリュームが多すぎたのか、「ピルは性感染症の予防になるんですよね」となってしまったのです。

ピル、コンドーム、クラミジア、性感染症……。欲張っていろんなことを話していくと、何がなんだかうまくつながらないようです。きちんと何かを伝えたいとすれば、やはりあまり欲張らない方がいいのかなという気がしています。性感染症を伝えるのだったら、エイズだけを取り上げるのがよいのかもしれません。

ただ、エイズウイルスに感染した友だちはいないけれども、クラミジアに感染した友だちはいる、という状況は現実にありますので、関心の度合いが高くなることを期待して、クラミジアの話を追加することもあります。その際には、クラミジア感染の経験があればエイズ検査は必ず受けるようにしてほしい、ということを強調するようにしています。

「月経とは、妊娠しなければ排卵の2週間後に起こる現象のことです」という私の説明に対して、先輩の産婦人科の先生に「岩室先生。月経は排卵の12日~16日後に起こるよ。ちゃんと科学的に言わないと」と忠告されたことがあります。この本を読み進むなかで、言葉はもっと正確に使う必要がある、と感じた人もいらっしゃるかと思います。確かにそうかもしれませんが、難しい表現方法だと子どもたちが正確に覚えてくれない、誤解してしまう可能性があることを何度となく経験してきたためです。

私が、情報はなるべくシンプルにと考えるようになった最大のきっかけは、講演中、目の前で真剣に聞いていた女子生徒とこんなキャッチボールをしてからです。

岩室「クラミジアに感染すると赤ちゃんができなくなることがあります。不妊症にならないためにもクラミジアに感染しないように注意しましょう」

生徒「クラミジアになったら赤ちゃんができないってことは、なった人はコンドームはいらないってこと？」

「赤ちゃんができない」という言葉だけに反応して、「あ、クラミジアに感染していると赤ちゃんができないから、コンドームを使わなくてもいいんだ」と短絡的に考えてしまったのです。「不妊症」という言葉もまったく伝わっていなかったのだと思います。

これはその子の理解力の問題と言ってしまえばそれまでかもしれませんが、正確な情報を、しかも自分に役立ててもらえるように伝えるのは、本当に難しいことだと思い知らされました。

伝える側が情報の正確性を期するばかりに、話が細部にわたったり、周辺情報が多くなりすぎたりして、結局伝えたい一番大事なことが伝わらないというよい例だと思います。

●クラミジア

私の外来にこんな男子高校生が来ました。

ある朝、起きてオシッコをしようとしたらズキンときた。「あ、性感染症かな」と思って、セックスの相手の同級生の彼女に電話したそうです。でも彼女は「なんの症状もないよ。私、平気よ」と言うので、とりあえず私の外来に来て、検査をしたらクラミジアでした。
「彼女、なんともないんです。彼女とだけなのに、どうしてクラミジアなんかになったりするんですか」と聞かれても、「彼女からうつったんじゃないの」と言っても信じられない様子でした。彼女にも検査を受けてもらったら、もちろん感染していました。彼女は、以前につき合っていた元彼からもらったようです。

クラミジアや性感染症は遊んでいる人の病気、というイメージは若者たちの間でも定着しているのか、「彼女から」「彼氏から」というと一様に「信じられない」という反応が返ってきます。

さらに、性感染症の予防がますます難しくなると思う状況もあります。
じつは、クラミジアの治療はいま非常に進歩しています。「ジスロマック」という薬を4錠、それも1回飲むだけでクラミジアの8割が完治します。もちろん、これは次の感染を予防するわけではありません。問題は、その薬を飲んだ友だちがいたとして、その子が「クラミジアって、薬を4錠1回飲むだけで治っちゃうから平気よ」と周囲の友だちに言う可能性があることです。

クラミジアは、次から次へ感染が広がっているだけに、そういう曲解が広まらないようにするには、難しいものがあります。

●オーラルセックス

性感染症の感染経路として、私がいま非常に危機感を持っているのが、オーラルセックス、フェラチオです。

クラミジア、淋菌などは喉にも感染します。淋菌やクラミジアが喉に感染すると、淋菌性咽頭炎あるいはクラミジア性咽頭炎となりますが、これを若い人たちは「ノドリン」「ノドクラ」と呼ぶそうです。そういう言葉が出てきていること自体、相当ポピュラーな病気になっていると考えなければなりません。

そして、いまの若い人たちは、彼氏にオーラルセックスをしてあげることの抵抗感が薄くなってきています。「セックスはするな」という一言だけでは、性感染症を予防できません。性器どうしでなければ大丈夫、と誤解される可能性があるからです。「セックスだけはするな」と強調すると、オーラルセックスが増えるというデータもあります。オーラルセックスで喉についたクラミジア、それが回りまわって子宮、腹膜炎へと広がっていくという状況が、いま現実に存在するのです。

われわれ泌尿器科医などには、オーラルセックスによって性感染症が広がっていること、風俗の女性や彼女にオーラルセックスをしてもらっただけでも、そういう病気をもらう可能性があるということを言っておかなければいけないという強い危機意識があります。しかし、オーラルセックスについて中学や高校で語ること自体、いまは理解が得られないと思います。この現実と専門家の気持ちのギャップには、かなり大きいものがあります。

●梅毒、ヘルペス、尖圭コンジローマ

エイズ、クラミジア、淋菌だけではなく、梅毒、ヘルペス、尖圭コンジローマも広がってきています。怖いことに、梅毒、ヘルペス、尖圭コンジローマは、コンドームを使っても予防できない場合があります。

コンドームが装着される部分はあくまでもペニスの本体だけです。それ以外のところは覆《おお》えませんので、ペニス以外の場所での接触感染が起こる梅毒、A型肝炎などは、コンドームでは予防できません。これらを完全に予防するには、ノーセックスしかありません。

しかし、情報を詰め込みすぎると誤解も広まるので、これらの情報は質問が出たときに提供するようにしています。

4・HIV／AIDS

エイズについて、生徒さんからよく出る質問を紹介します。

●エイズウイルスはどこから？

ＨＩＶの大きさは、それが一人の人間の大きさに匹敵すると仮定すると、人間はほぼ地球の大きさになります。そのくらい小さいウイルスです。このＨＩＶは、中央アフリカの奥地でサルから一地域の部族に感染した後も人間と上手に共存している賢いウイルスでした。

「賢い」というのはこういうことです。

ＨＩＶは今や輸血、薬物の回し打ち、刺青、セックスでしかうつらないとしますと、中央アフリカの奥地の人たちのなかでうつるのは、セックスによってだけです。コンドームがない地域でのセックスは、当然妊娠につながります。ＨＩＶに感染してからエイズを発症して亡くなるまでには平均10年くらいの期間があります。その間に数回、妊娠・出産を繰り返します。母子感染はせいぜい3割です。となると、7割の子どもは生き残ります。その子どもたちが次にセックスをするのは大人になってからです。セックスをしたら妊娠が起こります。

もちろん感染も起こるかもしれませんが、亡くなるまでに何人もの子どもを産んで、そのなかの7割くらいの子どもは、少なくともエイズにならずに生き延びていきます。

そういうHIVと中央アフリカの部族との共生の長い歴史がありましたが、交通網の発達などで、いまや世界中にHIVが広がっています。なかでも、HIVに感染している人が非常に多いのは、サハラ以南のアフリカです。2007年現在、15歳から49歳では約5%の人が感染しているという実態からも、HIVがどこから広がったかが見えてくると思います。

●薬があるから心配ない?

HIV/AIDSでいま一番誤解されていることは、「HIVに感染したら、昔はエイズになって死んでいくしかなかったのに、いまはよい薬があって、また元のような生活に戻っていくことができるようになった」と安易に思われていることです。

一度HIVを抑える治療を始めたら、それは一生続けなければなりません。さらにHIVは非常に賢いウイルスですから、いま開発されている20何種類もの薬に対して、たった20回に1回飲み忘れただけで、薬が効かない耐性ウイルスが出てくることがわかってきました。

医療関係者は耐性ウイルスが出てこないように、飲み忘れがないように、ご本人の生活リズムなどを確認しながら、患者さんが飲みやすい薬の組み合わせについて、最適の薬を患者さんと一緒に考えながら決めていきます。20何種類もの薬があると言っても、実際に使える薬の組み合わせは数種類ですし、飲み忘れを繰り返した結果、次から次へと耐性ウイルスができていって、最終的にこれ以上飲む薬がないという状況になってしまっている人が、すでに相当数でてきています。

では、皆さんだったら1度も忘れずに飲めるでしょうか。

本物の薬で試すわけにはいきませんので、たとえばアメでもチョコレートでも1日2回、決まった時間に、たとえば朝8時と夜8時に口に入れるようにしてみてください。それを1か月すなわち60回続けたとしたら、その間1回も飲み忘れることはないでしょうか。1か月に4回以上飲み忘れたら薬が効かない耐性ウイルスができてしまいます。そのくらい、このウイルスは抑えることが難しいということがわかってきています。

私も患者さんに「ちゃんと薬を忘れずに飲んでいますか」と、あいさつ代わりに声をかけています。しかし、ちゃんと忘れずに飲み続けることがいかに大変なことなのかを身をもって体験しました。どうしても飲み忘れることがあるという患者さんに、「では、私が薬を飲まなければならない時間にメールを送るようにするから、メールを受け取ったら飲んだか飲まなかったかを確認してくださいね」と伝えました。しかし、たった一か月の間に私は何回メールを送り忘れたことか。外来に来た患者さんに「飲んでますか」と聞くのは簡単ですが、実際に飲む側になると大変ですよね。

新しい薬や、ウイルスを抑えてしまうワクチンが開発されるのではないかという期待が高まっていますが、望みはそれほど明るく持てません。知れば知るほど、HIVというのは非常に賢いものであることがわかってきているからです。

●握手でパニックに

感染経路については医者でさえも混乱がありました。

友だちや知り合いがHIVに感染した場合、あなたに感染の危険はあるのでしょうか。

じつは、私は初めてHIVに感染している人と握手したとき、パニックに陥りました。1994年1月28日、国際エイズ会議が神奈川県横浜市で開かれた年に、いろいろな人や組織が次から次へと啓発活動を繰り広げたなかで、私はあるラジオ番組でエイズのことを話しました。そこにHIVに感染しているパトリックという人が来てくれて、初めてHIV感染がわかったときの気持ち、どうして感染したのか（彼の場合はコンドームを使っていたのですが、コンドームが破れたそうです）、感染がわかった後どんな気持ちで前向きに生きてきたか。そういう様々な話をしてくれました。番組が終わったとき、彼がアメリカ人であることもあって、自然と彼と握手をしていました。その瞬間に私は完全にパニックになっていたのです。

当時は、傷口があれば感染するとか、軽いキスでは感染しないがディープキスだと感染するとか、曖昧なことがいろいろいわれていました。

私はパトリックと握手した瞬間、彼の手の汗を自分の手に感じました。感染している人の汗のなかにはHIVがいます。私の手にはささくれや傷があり、そこにエイズウイルスがついたことは間違いありません。それで感染すると思ってパニックになった自分がいました。

かつて、空気に触れるとHIVは死ぬと間違って書いてある教科書がありましたが、そんなことはありません。薬害エイズでもわかるように、乾燥した血液製剤でもHIV感染が広がっているのが何よりの証拠です。もともとHIVは遺伝子のようなものですから、アルコールや熱で破壊しない限り、感染力は当然残ります。

●エイズ検査を怖がった私

では、私がすぐエイズ検査を受けたかというと、そうではありませんでした。自分でさえも検査が受けられないのに、「みんな検査を受けましょう」と言った自分を紹介します。

でも、エイズ検査を受けるのが非常に怖かったのです。自分が感染していたらどうしよう、誰に言おう、いろんなことで悩みながら、ずるいことを考えてしまいました。当時、私は保健所にいましたので、「保健師さん、エイズ検査をしたいので採血してくれる」と言えばい

つでも、無料で検査を受けることができました。しかし、そのようなことを言おうものなら「岩室先生は何か後ろめたいことでもあるのですか」と聞かれるのではないか、と余計なことばかり考えた末、「今年は国際エイズ会議が開かれる年です。エイズの人たちの気持ちを理解するために、保健所のみんな、検査を受けませんか」と呼びかけて、みんなで検査をすることにしたのです。

検査を受けた人のなかに実際に感染している人がいたらどうなっていたのか。今では本当に無責任なことをしたと反省しきりです。

検査結果がわかるまでには1週間くらいかかるとされていましたが、検査を始めてしまえば、2、3時間で結果が出ることはわかっていました。ですから、検査室に検査を急いでもらって、「感染していない」ことを確認し、安心しました。

では、そもそもなぜ感染しないのでしょうか。傷口があれば感染するという言い方も、かなり誤解がありました。そもそも感染するのはリンパ球です。血管が切れて傷口から血が出ているような場合は、むしろ安全です。血を出しながら、HIVも洗い流されます。そして水でさらに念入りに洗い流したあと、血を止めれば大丈夫なのです。

エイズ検査を怖がったことは、拙著『エイズ―いま、何を、どう伝えるか―』の初版時には恥ずかしながら書くことができませんでした。

5・包　茎

ここで、エイズや望まない妊娠の予防の話をする前に、コンドームを装着するペニスについて少し補足します。何といっても包茎というのが思春期男子の悩みのナンバー1であることとともに、コンドームを正確に装着するためには包茎の扱いをきちんとできないと困るからです。

●包茎は病気ではない

思春期の電話相談にかかってくる男の子からの相談で、一番多いのが包茎です。まず、インターネットで「包茎」を検索してみてください。つい先日、パソコンで検索すると397万件のヒットがありました。以前は、性についての悩みがあったら、先輩、同僚、友だちに聞いてみたり、本を調べたりしていましたが、いまはインターネットで調べるというのが多く子どもたちの行動パターンだと思います。

そこでさらに検索をすすめると、「男が100人いれば、65人は包茎です」と書いてあるホームページにたどりつきました。「約3分の2の人は包茎だから、自分も悩むことはない」と言っているのかなと思い、さらに読み進めていくと、「女性は包茎が嫌いだ」「悪臭・先細・早漏追放」「包茎切って男になろう」というようなことが書かれています。

「包茎の人手をあげてください」と呼びかけても誰も上げないよね。だって包茎は恥ずかしいものだからと思っている人がいると思うけど、とんでもない誤解だよ。

そもそも、包茎って何なのでしょうか。

図18に男性のペニスの形を3つ示していますが、このなかで包茎でないのはどれでしょうか。正確に答えられる人は少ないと思います。また、それぞれの名前を何というのでしょうか。これは必ずといってよいほど間違えて、よく左から「真性包茎」「仮性包茎」「正常（もしくは普通）」と言われます。じつ

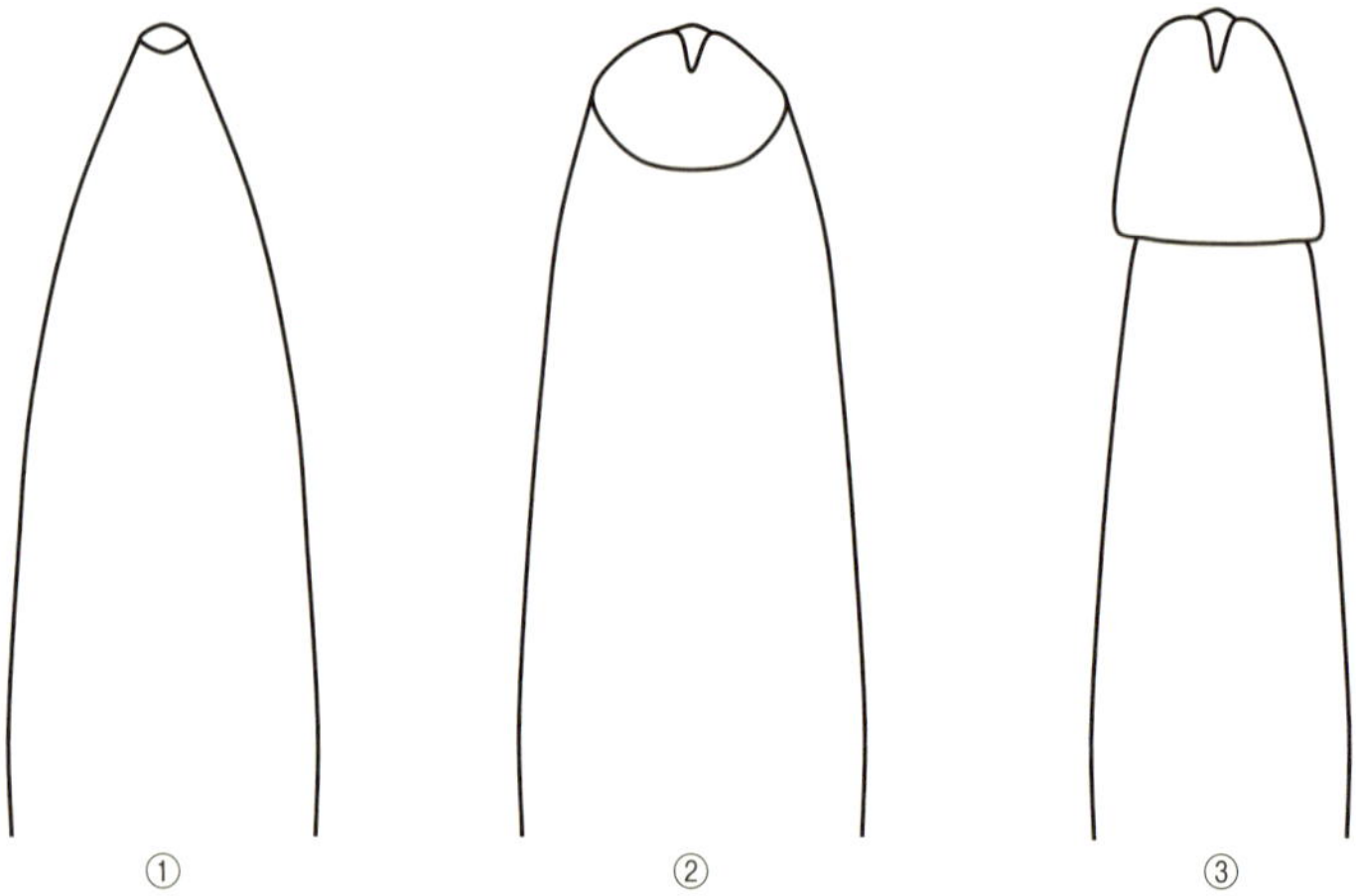

図18 それぞれの呼び名は？

は真性包茎、仮性包茎という言葉は、私自身も使わないことはありませんが、医学上の病名ではありません。これは保険診療のためにつけられた病名です。

詳しくいうと、日本では「保険診療」、つまり健康保険を使って病気の治療をするのが通常ですが、保険診療をするにあたっては、それが保険診療に該当する病気でなければなりません。たとえば二重瞼にしたいので手術を受けるというのは自由診療、すなわち、治療代金はすべて自費で賄わなければなりません。保険診療で扱う病気の診療代を保険組合に請求する際に、その請求書（レセプト）には糖尿病とか高血圧といった保険診療の対象になる病名を記載する必要があります。それを「保険適応病名」といいます。

「真性包茎」というのは、保険診療で手術することが許されているので、正式な保険適応病名です。「仮性包茎」というのは、健康保険を使って手術することのできない病名です。

しかもその定義は、日本泌尿器科学会でもまだ曖昧《あいまい》です。

一方で、後述する「嵌頓《かんとん》包茎」というのは医学病名です。ただの「包茎」はというと、医学病名ともなんとも言えません。

これが日本で初めて作られた包茎の模型、名付けて「チャンピオン君」。

包茎の模型を取り出します。「包茎の模型」と言われてギョッとする一方で、それが「チャンピオン君」と名付けられていることが「包茎でいいんだ」という安心感を作り出します。

実際にストッキングでつくられた包皮をずらしながら、

亀頭部が完全に包皮に覆われた状態は「包茎」。亀頭部が少し出ていれば、「亀頭部が少し出たペニス」。全部むけているのはたんに「むけたペニス」です。

と紹介すると、不思議と聴衆のなかに安堵の空気が流れます。なお、チャンピオン君（包茎模型）の作り方については前著『エイズ―いま、何を、どう伝えるか―』、もしくはホームページをご参照下さい。

●要注意！ 手術したがる医者がいる

包茎の手術をするなとは言わない。自分はこういう形のペニスで生きて行きたいと思うのはその人の自由です。でも、なぜするのか、なぜしたいのかを自分でよく考えて決断してほしい。医学的な理由で手術が必要な包茎はほとんどないということを知っているのかな。

「包茎はモテない」とよくいわれますが、とんでもなくて、じつは女性は相手が包茎かどうかということをまったく気にしていません。でも女性がそういう話をするはずもないので、悩む男性はどんどん増えていきます。

さらに残念なことに、泌尿器科の医者もあまり包茎を学問的な視点で考えてくれません。

私はいままで5千人以上の子どものペニスを処置してきましたが、極端に炎症を繰り返しているような場合を除けば、包茎で手術が必要な人は、ゼロだと言い切っています。このことは医学論文として発表し、泌尿器科の優秀な医師たちとのディスカッションのなかでも、ある程度認めてもらえる状況になっています。ただし、そうした発表が幾度もなされているにもかかわらず、包茎を手術したがる医者は少なくありません。

どうしてそんなことになってしまうのでしょうか。そもそもペニスを積極的に扱うことは、医者という職業にとってあまりメリットがありません。「私は〇〇がんの専門家です」といえばハクがつきますが、「私は包茎の専門家です」と言ったところで、笑いは誘えても尊敬の眼差しで見てくださる人はほとんどいないことが問題だと思っています。

さらに一言で言えば、切れば儲かります。

●岩室紳也のペニスとの闘い

では、私自身はそもそも包茎についてどう考えていたか、思い出しながら振り返ってみました。

私は、ペニスには中身があって包皮に覆われているということを、中学1年生くらいまで全然知りませんでした。風呂に入っているときに、何気なく——ペニスが勃起したためかもしれませんが——中身があるということに気がついて、包皮を引っ張ってみると亀頭部が少し見えてきました。それが「亀頭部」だというのも後でわかったことですが、少し触ってみるとピリッと痛い。でも中から白いカスのようなものが出てきて、それがとれるのが面白くて、毎日のように少しずつむいていました。

無理してむかないことがコツ。先っぽの包皮口ってところが広がると少し痛い。さらに亀頭部が出てくると十何年包皮に保護されていたところだから、触られただけでビビッと痛い。でも毎日むいて洗っていればだんだん慣れるよ。あせるな。始めてから半年でむけるから信じて頑張れ。ポイントは「むいて、洗って、また戻す」だぞ。

強く引っ張るとピリッと裂けるようなはがれ方をして、すごく痛い。でも触っているうちにそういう傷も治り、はがれた部分も周りの正常なところと同じようになっていく。これを毎日やっていくうちに、私は何か月かかかって冠状溝までむけました。ところが一緒に風呂に入ってむけたペニスを見せてくれる人もいないため、どこまでむいたらいいのかということがわかりませんので、それからさらにどんどんむいていこうとしたと記憶しています。むこうとしたんだけれども、当然むけるはずもない。むいて洗わないとかゆくなるということはわかりましたが、そうこうしているうちに飽きてきたのか、それ以上むくことはあまり考えなくなりました。

●オチンチンをむいて洗おう

オチンチンがむけるようにするには、どうすればよいのでしょう。

むけない理由は二つです。一つは、包皮口つまりオシッコの出口のところが狭いことです。とはいっても、これは皮膚だから引っ張っていれば必ず広がります。そして、もう一つは、包皮と亀頭部が癒着しているためです。少し痛い思いをしながらも、これははがすしかない。自分ではがした経験のある男性はたくさんいると思いますが、最初は痛くても、刺激はだんだん慣れ薄らいできます。お風呂に入っているときにやるといいでしょう。

「むいて、洗って、また戻す」、を繰り返しましょう。

女の子も将来男の子を出産したら、息子さんのオチンチンをきれいにしてあげてくださいね。

このオチンチン、いわゆる亀頭部とそれを覆っている包皮、さらにその境目の冠状溝というところがありますが、包皮が被《かむ》っている状態のままにしておけば、包皮のなかにアカがたまります。このアカは恥垢《ちこう》といいます。小さい子の恥垢は、これは親が注意すべきことなので、私は「恥垢の恥は親の恥」と言っています。大人になるまで包皮をむいたことない人もまれにいて、大人の恥垢はそういう人にみられます。

では、いつからむくのか。

これについては、様々な意見がありますし、まだ結論は出ていません。ただ、残念ながら、いまでも子どもに包茎の手術をしている泌尿器科や小児外科の医者は少なくありません。小さい子どもの場合は全身麻酔です。

そういう医者に手術されないようにするには、ちゃんとむけるようにしておく必要があります。ちなみに、私の勤務している病院で生まれた男の子は、オチンチンを清潔にするためにも、そしてオチンチンの先（包皮口）が狭い子どもに手術しようとする医者に診てもらわないためにも、生まれたその日からオチンチンをむくようにしています。

ステロイド軟膏を塗ると皮膚がやわらかくなりますので、それを使ってむきましょうという指導をしている医者もいます。私もケースによっては使うことがありますが、最初のうちはヒビ割れをおこす場合もありますが、あまり気にしないで少しずつむいていると、ステロイド軟膏を使わずとも、だいたい2、3か月で全員がむけるようになります。

●嵌頓包茎はむける証

ただ、一つだけ気をつけなければならないのは、嵌頓《かんとん》包茎という状態です（図19の①）。

これはオチンチンをむいたときに、包皮口が狭いために皮がうまく戻せず、亀頭部の冠状溝が強く締め付けられ、むいた包皮がむくんだ状態になります。見た目がグロテスクになるため、重大な病気だと思う人が多いのですが、そんなことはありません。嵌頓するということは、逆にいうとむけるということです。むけるのであれば戻せばよいだけなので、戻し方のコツを必ずお伝えしています。

戻すのは簡単です。亀頭部を思いきり30秒間つぶします（図19の②右）。しかし、いままでむいたことのない亀頭部は、刺激に対して非常に敏感になっていますから、触れるだけでも痛いのですが、これを戻さないと首を締められてむくんだ状態のままですから、痛いのは我慢するしかありません。亀頭部を30秒間思いきりつぶしたあと、オチンチンの根元の方を持ってグッと先の方へ、亀頭部の方へ包皮を引っ張れば、必ず包皮は戻ります。

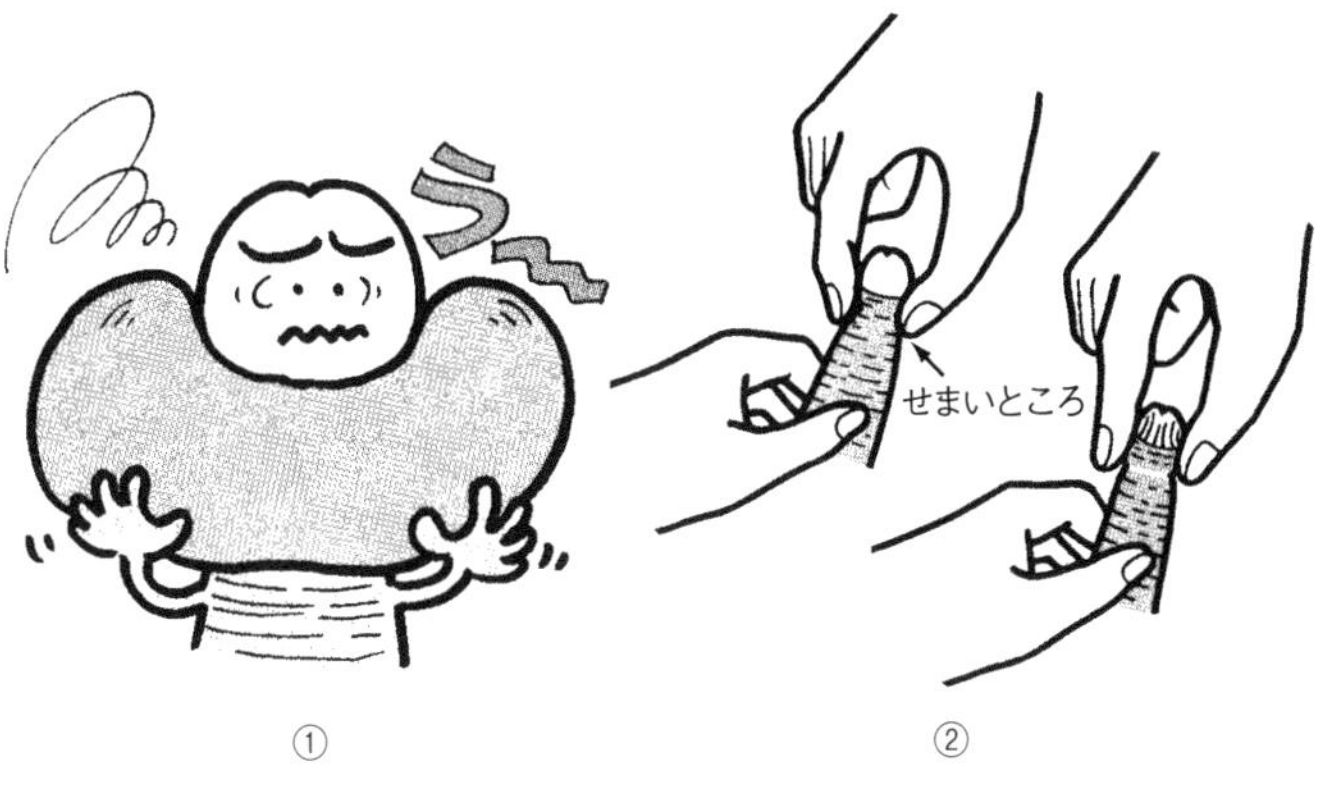

図19 嵌頓包茎と戻し方（岩室紳也「OCHINCHIN」日本家族計画協会、1999年）

●むかないとがんの可能性も

　オチンチンをむけるようにし、毎日むいて洗うのは清潔を保つためです。清潔を保てないと炎症を繰り返すだけではなく、包皮のなかに様々な病原体が棲みつきます。いわゆる真性包茎のまま、すなわち、包皮をむこうとしても亀頭部がまったく見えない状態のまま40歳を過ぎるまで放っておくと、ヒトパピローマウイルス（ＨＰＶ）が原因で陰茎がんになることがあるというのは泌尿器科医の常識です。しかし、毎日むいて亀頭部を冠状溝まで露出して洗える、いわゆる「仮性包茎」の人では洗い続けていれば、そのようなウイルスを洗い流し、病気を予防することが可能となります。

　このことは男の人だけの問題ではありません。女性の子宮頸がんの原因もこのＨＰＶだということが明らかになりました。パートナーが真性包茎であればもちろん女性が子宮頸がんになる可能性が高くなりますが、仮性包茎やむけた状態であっても清潔を保っていなければ当然のことながらＨＰＶに感染するリスクは高くなります。

●むかなかったためのトラブル

　ペニスをちゃんと扱ってこなかったことが原因で、インポテンツになったケースがあります。

この人は、マスターベーションは包皮をかぶせたままましていましたが、30歳近くまで性体験がありません。結婚して初めてのセックスのとき、すぐに子どもが欲しいので、コンドームをしないままのペニスを奥さんの膣に挿入しようとしました。そのとき、初めて包皮がむけて亀頭部が露出したようです。ところが非常に痛い。初めてむいたときの痛みは、男性ならわかると思いますが、その状態をいきなり最初のセックスで経験したわけです。激痛が走って、とてもセックスどころではなかったそうです。

でも彼は、セックスというのは快感を伴うはずだ、自分もマスターベーションで快感を得てきた。もしかしたら奥さんに問題があるのではないかと思って、奥さんが産婦人科を受診して調べたようですが当然異常はありませんでした。それでご主人が私のところに来ました。診察したら、一度もむいたことのない亀頭部が現れて、それが非常に不潔でした。それをきちんとむいて、「ここ、触ると痛いですよね」と聞いたら、「そのときの激痛がよみがえった」と言っていました。

要するに、むいたことがない、刺激したことがない、ですから刺激にも慣れていないというところに、強いショックを受けたものだからインポテンツになってしまったというケースでした。

この人の場合は、大人でしたから刺激に慣れるのに時間がかかりましたが、それでも1年くらいでなんとか性生活ができるようになりました。

なぜこういうことが起こるのでしょうか。

その彼も言っていましたが、子どもの頃、「オチンチンなんて触るものじゃない」「オチンチンをいじるな」と親から言われてきたそうです。そこに原因がありました。もちろん人前でオチンチンを触るというのはルール違反です。しかし、そこを曖昧にして、「人前ではオチンチンを触ってはいけないけど、お風呂に入ったときはちゃんとむいて洗いなさい」と教えなければ、この患者さんのようなことが繰り返されると思いませんか。

私も中学2年から寮生活をしていなければ、「チンチンむいて洗え」という話は聞かなかったかもしれません。寮に入っていれば、みんなで風呂に入りますので、むいて洗うのが当たり前という環境が周りにあります。それを見て、いつの間にかそのようにしていました。

昔からの言い伝えに、「ミミズに小便をかけるとオチンチンが腫《は》れる」というのがあります。これはまさにそのとおり。

中学生や高校生の君たちがミミズに小便をかけていたらヘンだけど、小さい子どもたちは当然包茎、すなわち皮をかぶった状態です。そのままオシッコをすると、オシッコはかぶった皮に当たり、まっすぐ飛び出していかない。そこで、方向修正をしようと、ミミズをほじくりだした汚い手でオチンチンをいじっていると、ばい菌がなかに入って、オチンチンが腫れます。

ちゃんと皮をむいてオシッコをすれば、オシッコはまっすぐ飛ぶし、まっすぐ飛べば、汚い手で触ることなく、なかにばい菌を入れずにすみます。万が一入ったとしても、風呂に入ったときにちゃんとむいて洗えば大丈夫。

「息子さんがオシッコをして、するときにトイレを汚したことを叱った経験があるお母さんは手を挙げてください」。大人向けの講演でこう質問すると、手を挙げるお母さんが結構いらっしゃいます。そのとき息子さんにどう注意したのですかと聞くと、「ちゃんとねらってしなさい」という指導しかできていません。

ちゃんとねらってしない子どもがいるはずもなく、ねらっていてもまっすぐ飛ばないことに戸惑いを感じても、それがなぜだかわからない。自分の体の構造がわからない。お母さんには叱られても、「ちゃんとねらっているんだけどまっすぐ飛ばないんだ」と悩んでいたのではないでしょうか。「オシッコをするときには、（包皮が尿線の邪魔にならないように包皮を）むいて一歩前に出なさい」。このようなごく当たり前のことを教えてもらえればトイレを汚す子どもたちはもっと安心してオシッコができたのではないでしょうか。

●手術は無用

包茎の手術は絶対に要りません。20歳前後の人が美容的な意味で手術をしたいというのであれば、本人の選択ですので「どうぞ」と申し上げていますが、手術は基本的には要りません。

結局のところ、「かぶれば包茎《ほうけい》、むければOK《オーケー》」。

これは私が言い出したフレーズです。包茎であってもむければよいということを皆さんにぜひ理解していただきたいのです。私は、親から相談を受けると「むくのだったら小さいうちに、6か月くらいまでなら寝返りも打てないから、やりやすいですよ。小さい子どものときはむかないで放っておくというのでも大丈夫です。もちろん不潔になって亀頭包皮炎を起こすこともありますが、そのときにちゃんと治療すればいいと思います」と言っています。ただ昔と違って、いまは友だちや周囲の人から「むいて洗いなさい」ということを言ってもらえる環境がないこと。さらに、本人が心配になって「包茎」をインターネットで調べるととんでもない悪徳医師に騙される可能性があるので、思春期になったら「かぶれば包茎。むければOK」と伝えてほしいことを付け加えます。

さらに、コンドームとの関連でいえば、コンドームが外《はず》れやすい人はむしろ包茎でない人です。包茎で少し皮が余っている人の方が、コンドームと皮膚との接触面が大きいため、コンドームが外れにくいと言えます。包皮が余っていない人がコンドームを装着した場合、ピストン運動の摩擦によって脱落するということを多くの人が経験しているはずですが、こういうことは案外言われていません。

●ネット情報のうそ

「彼女は包茎が嫌いだ」というネット上のコマーシャルがあるようだけど、「彼女は包茎なんて気にしていない」というのが本当のところ。ネットの情報を信じるなよ。

インターネットの多くのサイトでは、包茎について「害がある」「ペニスの発育が悪い」「性感に影響を及ぼす」「不潔になる」「性感染症になりやすい」というようなことが書かれています。

また、病気の一例として「尖圭コンジローマ」という病名を出して、「ペニスにブツブツができる」と脅したりしています。そのため、亀頭部をむいて露出できるようになると、次なる悩みを抱えてしまう人がいます。「ブツブツができる」という表現に不安をかき立てられて、私のところにメール相談がきます。「自分のペニスにもブツブツがあるが、病気ではないか」というのが、相談の内容です。「セックスをしたことがないのであれば、それは性感染症ではありません。心配無用です」と言ってあげたいのですが、じつは尖圭コンジローマはセックス以外の接触でもうつることがあるので少し厄介です。

このような相談のほとんどがペニスの亀頭部の冠状溝のところにある、規則正しく並んでいる小さな点々です。正式な日本名はついていませんが、「フォアダイス」と呼ばれます。フォアダイスは正常な状態ですが、「ブツブツ」と言われて、これが尖圭コンジローマではないかと間違え、不安になるわけです。見分け方は非常に単純です。直径1ミリ、高さ1ミリ未満の隆起が亀頭部の冠状溝に沿って規則正しく並んでいればフォアダイスです。病気の尖圭コンジローマは、鶏冠《とさか》状で何ミリにも盛り上がっていて、しかも亀頭部や陰茎の皮膚にも不規則に点在しています。

なお私の講演では、質問されない限りフォアダイスについては話しません。それは寝た子を起こさないためです。

❻・コンドーム

●「コンドームの達人」誕生

コンドームについては、ようやく「正しくつけましょう」ということが言われたり書かれたりするようになってきましたが、私は、コンドームの装着法をきちんと伝えなければ、性感染症の蔓延や望まない妊娠に歯止めをかけることができないと思っています。

私自分もコンドームの正しいつけ方ということは、性教育を始めたときには考えていませんでした。初めてコンドームの正しいつけ方ということを考えさせられたのは、ある助産師さんの質問からでした。家族計画の専門家です。その方に「岩室先生、コンドームが外れるのは、つけ方が正しくないからですよね」と言われました。

「えっ、つけ方が正しくないってどういうこと?」

「コンドームをちゃんと根元までつけてないからですよね」

「いやあ……」

そのときはすぐに自分で説明できませんでした。

コンドームの話に強く関心を持ったちょうどその頃に、世界保健機関（WHO）がエイズ予防の関係で「コンドーム装着マニュアル」をつくっていました。諸外国、とくに発展途上国ではコンドームをPRするときには、装着法まで教えなければならないからです。説明のため、バナナにコンドームを装着するなんていうことをやっているとも聞きました。

でも私は、「どうも違うなあ……」。

なぜ「どうも違うな」と思ったかというと、スライドする包皮のないバナナでコンドームの装着法を説明できるのか、と疑問に思ったからです。

じつは私はいまでも包茎の状態です。もちろんちゃんとむけます。そこで、自分はどうやってコンドームを装着しているかというのを自分のペニスで考えて、それを模型につくって皆さんに紹介する工夫しました。それが、たぶん日本で初めての包茎の模型「チャンピオン君」の誕生でした。そしていつの間にか、「コンドームの達人」と呼ばれるようになりました。

●購入から取り出しまで

この部分については、本当は大事だと思っているのですが、コンドームにあまり時間をとると、アレルギー反応、拒否的反応を起こす大人の方がいますので、質問が出たらこのように答えています。

コンドームは準備の段階から責任を持って扱ってください。

コンドームにはサイズがあります。自分のペニスのサイズに合ったものを使いましょう。また、コンドームを使うと皮膚や膣が荒れる、かぶれるという人がいます。コンドームの多くがラテックスゴムでできていますので、ラテックスアレルギーが考えられます。その場合は素材がポリウレタンのものを使用すると大丈夫です。

コンドームの値段の差を気にする人がいますが、価格が違っている理由は、同じブランド内で価格差があるコンドームの加工方法などを比べるとわかります。脱落しにくい加工方法になっていたり、ゴム臭を低減していたりしていますが、機能自体に大きな差があるわけではありません。

自分自身でコンドームを買ってください。コンドームには使用期限がありますので、期限切れのものを使わないよう注意します。

人にもらったり、ラブホテルなどに置いてあるコンドームでは、使用期限を確認できない場合が多いと思われます。

コンドームはコンビニはもちろんのこと、100円ショップにもあります。薬局でも買えるし、インターネットでも買うことができます。

ただ、２０１１年6月に撤廃されるまで全国で唯一18歳未満へのコンドームの販売を規制していた長崎県少年保護育成条例のように「避妊用品自動販売機業者及び避妊用品に係る自動販売機管理責任者並びに自動販売機によらず避妊用品を販売することを業とする者は、避妊用品を少年に販売し、又は贈与しないように努めるものとする」という考え方もあります。実は私はこの条例に敬意を表したいと思っていました。ただしそれは、たんに条例を作って終わりではなく、何故この条例を作ったのかを、ちゃんと直接毎年新しく思春期を迎える若者たちに話してもらい、そのことについて若者たちと議論をしていただける場合においてです。それをしない規制や「ダメ、絶対」では心に響かないですよね。

また、地域によっては、コンドームを販売している店の人が地域の若者の顔をみんな知っているので、買いにくいという指摘もあります。

買ったコンドームをタンスで保管するのは避けましょう。タンスの防虫剤にはゴムの品質を劣化させるものがありますから、袋に入っているとはいえ、念には念をいれて一緒に置かないようにします。

持ち歩くときには、ハードケースに入れましょう。ちなみに岩室紳也のはX-Japanのハードケースです。財布のなかに入れておくとお金がたまるというオマジナイが若者たちに広まっているようですが、これは財布のなかにコンドームが入っていると、財布を人前で開けられないからお金が貯まるとの思いから言われているようです。ただ、財布にコンドームを入れるとコンドームが傷みます。ゴムが傷むと使用中に破れやすくなります。

コンドームの袋を開けるときは、コンドームを傷つけないように注意します。そのため、まず爪をちゃんと切っておきます。やすりで角を取るのも忘れずに。寝る前に爪を切ってはいけません。親の死に目に会えなくなります（笑）。

袋もいきなり開けないで、コンドームを袋の下の方に寄せてからにします。取り出すときにコンドームが傷つかないよう、完全に切り離します。そしてコンドームを傷つけないように袋の上から指で押し出していきます。爪を立てないでコンドームをつかみ、袋から取り出します。その時点でコンドームの裏表が指先で触っただけで確認できるようにしておきましょう。コンドームを装着するときは暗いこともあるでしょうから、コンドームの表裏は指先でさわって、巻き方から判断できるようになってください。

裏表を間違えるとどういうことが起きるのでしょうか。じつは勃起したペニス（正確には興奮したペニス）ではすでに尿道から精液がもれ出ていることもありますから、もし裏表を間違えたといって一度外尿道口のある亀頭部にコンドームを触れた後にコンドームを裏返してつけ直すと、外側に精子や、もし感染していればHIV、クラミジアなどの病原体がついてしまったことになります。そのままセックスをすると、コンドームを装着した意味が薄れてしまいます。

●正しい装着法（図20参照）

①「精液だめ」（先端の膨らみ部分）を指の腹でつまんで、空気をぬく。

②コンドームはペニスが勃起したらすぐにつける

③勃起したペニスの皮膚を根元側に寄せて、亀頭部側の皮膚が張るようにする。

④コンドームを亀頭部に置き、張った皮膚に密着するように根元へ向けてかぶせていく。その際に陰毛を巻き込まないようにする。

⑤皮が余っている人は、かぶせた部分を亀頭部方向に寄せると、根元で

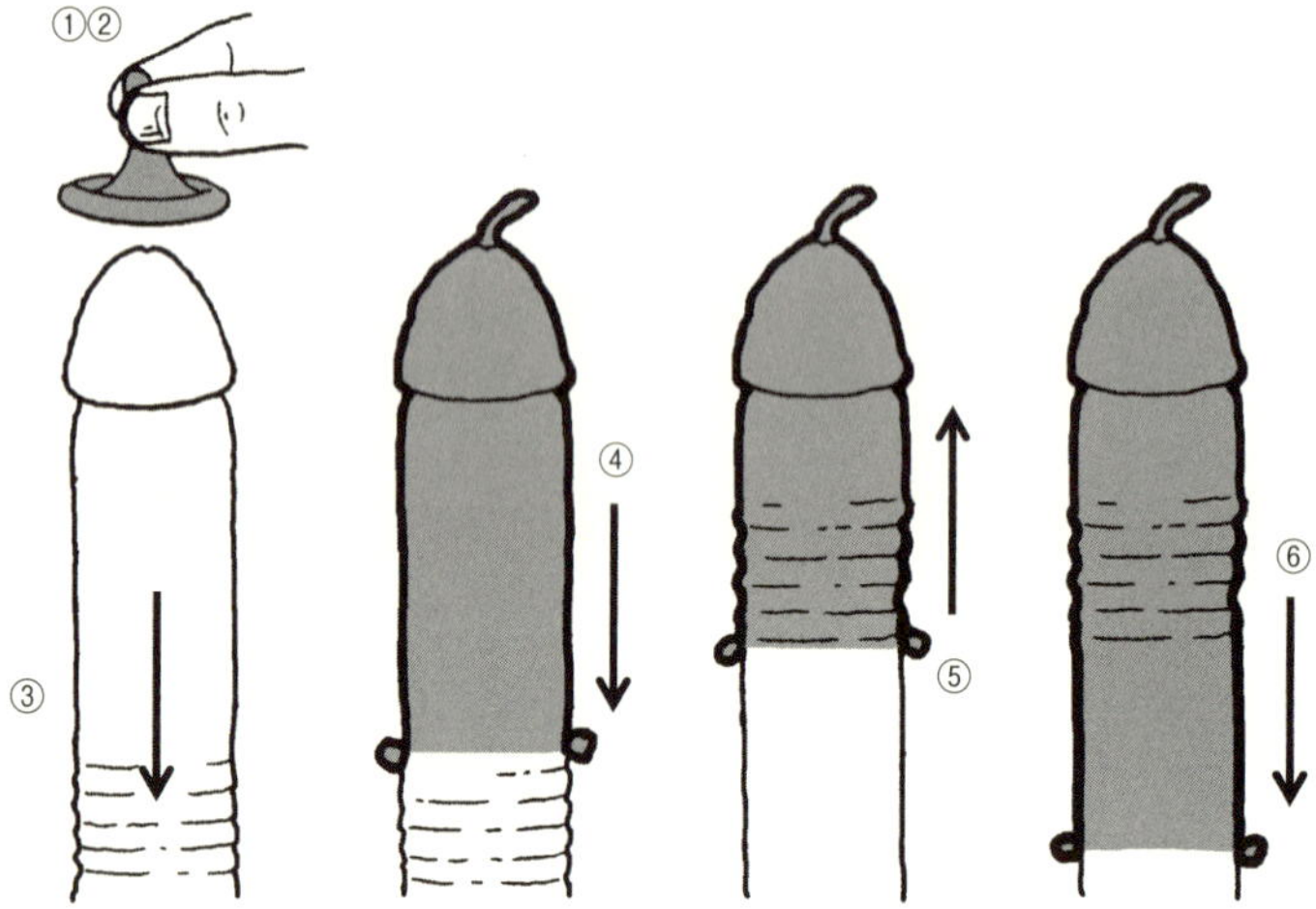

図20 正しい男性用コンドーム装着法（岩室紳也「エイズ―いま、何を、どう伝えるか―」大修館書店、1996年）

余っていた皮膚のところが見えてくる。このままセックスを続けるとコンドームが脱落しやすくなります。

⑥亀頭部側にコンドームをずらした状態で、根元側の張った皮膚に密着するよう、根元までコンドームをかぶせていく。こうすると皮膚とコンドームが一体となって、摩擦が起きても脱落や破損しにくくなります。

⑦射精したらペニスごとおさえてはずれないように速やかに腟（肛門）から抜く。

⑧精液が漏れないように結んで生ゴミとして捨てる。

続けてセックスをするときは、必ず体を洗います。こういうところまできちんとやらなければいけません。

●正しく装着できたのは1人だけ

チャンピオン君を使って、いろいろな人にコンドームを装着してもらいました。芸能人の方にも何人もやってもらっていますが、いままで完璧に正しくつけられたのは、たった１人だけです。これは私の友人であり患者でもあるＨＩＶに感染しているパトリックです。

彼がなぜ完璧につけられたのかといえば、彼自身は包茎ではないものの、彼がゲイであり、日本人のパートナーが包茎だったからです。私のような異性愛者の男は、自分のペニスにしか装着したことがありませんので、正しいつけ方とはどういうものかということを学習する場がありません。一方で異性愛者と異なり、ゲイの人は自分のペニスだけではなくて、自分のパートナーにつけるという経験を持つこともありますから、自分のペニスと形状が異なるものに装着するなかで、コンドームの装着にはいろんな工夫が必要だということを学ぶことができます。

その彼がたった一回だけコンドームが破れてＨＩＶに感染しました。

なぜ破れてしまったのかといえば、コンドームというのはゴムだからです。薄いゴムだから当然破損するリスクがあるという、ただそれだけのことです。

●パートナーにつけさせる方法

では、パートナーの男性がコンドームを装着してくれないときには、どうやってつけさせればよいのでしょうか。

これはなかなか難しい問題ですが、産婦人科の医師によると、「私、クラミジアの治療中なの」と女性が言うと、たいていの男性はつけてくれるそうです。こういうことを言っていいものかと大人は考えるかもしれませんが、そういうことにあまり抵抗感がない若い女性もいるようです。

「コンドームなしが気持ちいいんだ」と言われたら、「コンドームがないと痛い」と女性の方から言うというのも、一つの方法です。「そんなはずはない」と言われたら、「コンドームのゼリーが体の痛みを、コンドームをつけてくれている安心感が心の痛みを和らげてくれる」とでも言えればよいのですが。

以前は、「コンドームをつけない男にはNoと言おう」と言っていましたが、私も飲み会は断れない、仕事は断れないのに、子どもたちにだけ「No!と言える人間になろう」とは言えないことに気づかされました。で、どうしたらよいのか迷っていたときに出会ったのが次の言葉です。

●愛の反対は?

「愛しているからセックスをしよう」「好きだよ」「いつまでも君を大事にするよ」。こんなことを言われるとやはりうれしいよね。本当はセックスをしたくないと思っていても、一方でどことなく彼の気持ちに応えたくなるような気持ちになるかもしれない。

あなたが頑張って「コンドームを使って」と言ったときに、「大丈夫だよ、愛しているから。子どもができたら結婚しよう」と言われたら、つい許してしまうあなたがいるかもしれない。

でも、そんな時こそ、次の言葉を彼に投げかけてみてください。

「ねぇ知ってる？『愛』の反対は何？」と。

何を隠そう、私は「愛」の反対は何かを知りませんでした。この言葉を私に教えてくれたのは私より10歳くらい若い、保健所時代の後輩で、タバコの講演をさせればピカイチ。でも性教育は専門でない原田久先生でした。

「愛の反対……嫌悪……憎しみ……嫌い……」と思いついたことを言っていたら、「性教育をしている岩室先生がマザー・テレサの言葉、『愛の反対は無関心』を知らないのですか」とお叱りを受けました。「愛の反対は無関心」。素晴らしい言葉ですよね。

自分以外のことや周りの人に関心がもてない。自分中心……。

セックスをしたくないと言っているあなたの気持ちを汲めない男。コンドームをつけて欲しいと言われているのにコンドームをつけてくれない男が、相手のことを考えたり、相手のことに関心を持ったりしているといえるでしょうか。相手の女性が妊娠したらどうするか、そういうことに関心を持ってくれれば、当然コンドームをつけるだろうし、彼女が「セックスをしたくない」と言えば、そのことを尊重してセックスを我慢してくれるはずです。

「愛の反対は無関心」は、まさしくいまの性教育に一番大事な言葉ではないかと思い、子どもたちに毎回語るようにしています。私は、この言葉をこれからも大いにいろいろなところで伝えていきたいと思っています。

ちなみに、英語では「The opposite of LOVE is INDIFFERENCE」です。

●失敗したら

でも、わかっていても知識が役に立たないこともあります。人間は失敗するものです。もし失敗したり、トラブルに巻き込まれたり、HIVをもらってしまったときは、どうぞ岩室に相談してください。連絡はホームページからメールをしてもらうのが一番早いでしょう。ホームページの見つけ方は「岩室紳也」で検索してください。でも、名前なんかすぐ忘れるだろうから、「コンドームの達人」で検索してください。一発で見つかります。

メールをくれたら24時間以内に必ず返事をします。でも、君たちと私の外来で出会わないことを祈って今日の話を終わります。

失敗してもいいじゃない。その失敗を乗り越えていけば。一緒に考えてあげるよ。

絶対こうしよう。絶対病気にならないようにしよう。そんな理想は自分ができてから人に話したいものです。失敗しても一緒に考えてくれる人がいると知ったら、意外と考えられるものです。そう信じています。

7・子どもたちはどう受け止めたか

私のことを語り、患者さんのことを語り、そしてコンドームの装着法も見てもらった子どもたちにできるだけ感想文を書いてもらうようにし、それらをすべて読んでいます。いくつかを原文のままの感想を紹介します。中学生は次のように感じています。

「セックスということを興味だけで考えていました。でも、男子も女子も互いの体や気持ちのことを考えなくてはならないということを学べてよかったです。」

「自分一人ばかり悩んでいるのかと思ったら、悩みがあるのが普通なんだとわかりました。人には個性があって、だからいいというようにも思えました。」

「性については恥ずかしく、抵抗もありますが、正しく知ることが大切だということを学びました。」

自分一人が悩んでいるという思いのままでいれば、そのプレッシャーに押し潰されますよね。

次は、こんなことを中学3年生の女の子に書かせていいんだろうかと、大人たちの責任を痛感させられた感想文です。

「今回の先生のお話しを聞き、心に一番残ったことは『愛しているの反対は無関心』ということです。そのことを聞きなんかとても悲しくなりました。私は前、大好きな人がいました。その人とは何か月か付き合い、その間にはいろいろなことがありました。好きな人の希望はかなえてあげなくてはいけない、そうしないと嫌われちゃうんじゃないか、という思いからしたくもないことをしたりもしました。今回先生のお話しを聞き、あらためて後悔しました。だから自分のことを本当に大切に思ってくれる人と付き合いたいなと思います。今回の講演は、これから生きていく上でとても勉強になりました。本当にありがとうございました。」

大人の性欲の餌食になったと考えるだけではなく、この経験をこれからの「生きる力」にしてもらえればと願っています。

先生たちも次のように言っています。

「性ということをもっと真剣に考えなくてはならないし、恥ずかしいことではなく、正しく知ることが大切という意見が大変に多かったです。」

「生徒の性に対する意識は、先生のご講演によって変わってきています。意識が変われば考え方が変わり、行動も変わり習慣も変わるでしょう。」

先生たちも性とどう向き合えばよいのか悩んでいます。生徒の変化こそが、性をどうとらえ、性をどう伝えていけばよいかの参考になるはずです。

高校生くらいになると、自分の性体験を語る感想も入ってきます。

「私には今、彼氏がいます。彼に『やりたい?』って聞くと『お前さえよければやりたい』って言います。私は彼が本当に好きなのでやってしまいますが、やっぱり妊娠したらどうしようとか、病気がうつったらどうしようとか不安だらけのなかでやっています。今度は彼に、嫌なら『嫌っ』て言います。そしたら彼が私のことをどう思っているかがわかるので言ってみます。」

講演のなかで「ノーと言いなさい」と言わなくても、「ノー」（嫌なら嫌っ）と言えるようになる子もいます。

「私はスキな人とHしたことがあります。いつもちゃんとコンドームつけてます。と思っていたけど『ちゃんと』じゃなかった。岩室先生がチャンピオン君（?·だっけ?）でやったやり方が、をしてなかった。ってゆーか私はつけてあげた事がなかった。自分の事なのに相手に任してた。でもこれからは先生がおしえてくれたやり方でつけてあげようと思います！　これで私もコンドームの達人!?」

コンドームの正しい装着法を学んでくれたのかと思ったら、コンドームは「自分のことなのに、相手にまかせていた」ということに気がつく子もいます。子どもたちが自分の生き方を考える題材を提供すればよいことをあらためて感じさせてもらいました。

どこでこのような間違ったことを刷り込まれたのか聞いてみたくなりませんか。

「エッチは愛を育むものだと思っていたけど、しなくてもこわれない愛が本物の愛だと思った。」

確かに、テレビなどでは、恋愛↓セックス↓妊娠といったプロセスを「愛を育むプロセス」として紹介しているようです。

次は、ちょっとびっくりした高校3年生の感想です。

「いままでのいくつかの講演と比べてみると岩室先生が仰っている内容はひどく難しい事だ、と感じました。

以前講義をされた、中絶反対の女の方は、考えなしにセックスしてはいけない。相手のことを考えなければならない。中絶は精神的にも身体的にもきついのだ。そういったことを一時間ばかり話されました。しかし、そのときの話はみんな理性に基づいた考え方ばかりで、まったく間違いがない正論ばかりだったので、私はとても微妙な気分で『そもそもセックスをするときに理性なんてふっとんでしまう。そんなとき、理性がたたき出した正論なんて、どれほど役に立つだろう？　ぜんぜん意味がないじゃないか』と、そんなふうな無力感ばかりを感じました。

そんな難しい問題を、私達難しい年頃の若者に、冗談を交えつつ話をされている岩室先生からは、何かを真摯に伝えたい、と心から願う人特有の、人を惹きつける力を感じました。

だけど、先生の明るい語り口とは裏腹に、どこか悲しい、寂しい印象を少し受けました。実際にエイズで亡くなった患者さん達が、先生の話される軽快な言葉に勢いや情熱ばかりでなく、重さや真剣さをもたせているのだろう、と思うと、他人事だと笑い流す事はできませんでした。『知識だけでは何の役にも立たない』という一言が、講演の後もずっと頭のなかに浮かんだままです。高校生（しかも女子）をやっている今、性について真面目に考える機会などはほぼないですし、あまり気軽にぺらぺら話したりすることは、難しいです。自分でいろいろ考えたくても、材料となる情報は氾濫していて、何を思考の軸におけばよいのかわからず、自分のなかに浮かんだ疑問・問題はいままでほったらかしのままでした。

今日岩室先生の話を聞いて、いくつか初めて知ることもあり、とても勉強になりました。とくに男女の性の感じ方、考え方の大きな違いについては『ああ、やっぱりそうなんだ』と思いました。これからも色々なことについて、考えることを放棄せずに生きていけたら、と思います。」

心に響く感想をいただきました。そして「考えることを放棄している」若者たちの存在を教えてくれた彼女にこそ私が感謝したいと思いました。

このような感想をいただくと、「もっと頑張ろう」と思えます。

女子はいろいろ考えてくれるのですが、男子はシンプルな感想が多いですね。

「とにかくコンドームしろってことだなって思った。」

「自分が次にSEXするとき、コンドーム着用します。妊娠ばかり考えて、エイズの事なんて考えていませんでしたが、これからは、ちゃんと最初からコンドームします。」

「相手のことを考える感性が備わったと思う。今までで1番くらいためになったと思う。」

「『愛』の反対は『無関心』というのが一番印象に残った。彼女のことが好きで、彼女の気持ちに関心を持てば、健全な付き合いができると思う。」

男子の性欲を「興奮→勃起→射精→満足→おしまい」と表現するように、性についてもシンプルに伝え、シンプルにコンドームを使うこと。そして理論的に自分の気持ちと向き合うことができれば「健全な選択」があることに気づく男子も少なくないようです。

「つけよー　ゴムゴム　コンドーム」（図21）も素晴らしいキャッチコピーですよね。

私の背中を少しは見てもらえたのかなと思った感想文です。

「講演をお聞きして感銘を受けました。内容云々よりも講演のやり方と言いますか、方法でしょうか、とにかく、人間性に物凄く惹かれました。寝ようとも思っていましたが、何故か先生がお話することがとても面白くただただ夢中でお話

図21 生徒の感想（男子）

を聞く限りでした。ですからお聞きします。貴方のような人間になるには、何が必要であると思われますか？　お教えください。」

返事は想像にお任せします。

８・読者のみなさまへ

子どもたちを取り巻く環境が、人と人との関係性を喪失したものになっているということを考えると、いま、何が求められているのでしょうか。いまこそ、一人ひとりが「人」としてではなく「人間」として、人と人との間にきちんとつながりながら、しかも、多様な人たちの間に生きている存在であることをあらためて確認することが求められているようです。「生きる力」を育むには何が必要なのでしょうか。何より人と人との関係性を再構築することが急務です。そのためにも一人ひとりのコミュニケーション能力を高めていくことが重要であることは間違いありません。

では、一人ひとりの大人は何ができるのでしょうか。何から取り組めばよいのでしょうか。思春期の子どもたちが直面している性の諸問題は、まさしく「生きる力」が問われている分野の一つです。性の諸問題の解決策は決して一つだけではありません。私も頑張っているつもりですが、岩室紳也だけで解決できない課題はあまりにも多く、だからこそ、岩室紳也が「いま、何を、どう伝えるか」を考え、皆さんに示させていただきました。もちろん拙著が参考になれば幸いですが、「でも、こんなことは抜け落ちているね」とか、「やはり男の目線ね。女はこう考えるのよ」というのをお感じになられたら、そのことを岩室に語らせようとされず、ご自身の言葉で子どもたちに語ってあげてください。

「多様性を尊重しよう」「いろんなカラーの人がいるからいいんじゃないか」と言いつつ、私自身も思春期の性にどう立ち向かうか、どのような性教育が望ましいのかと考えたときに「あるべき姿」を思い描き、結果的に自分の理想像を周りの人に押し付けようとしていたと反省しています。

「包茎もムケチンも彼女は気にしていない」は、多くの女性たちの本音だよ。

「持ち物より持ち主が大事」という言葉を僕に教えてくれたのは、僕の愛する奥さんだよ。

「いろいろ（異性愛者もゲイも）いるのが当たり前」と、何年もゲイの人たちと関わるなかで、今頃になってやっと岩室紳也も実感しているんだ。

こうやって自分を語ったときに子どもたちの目が輝き、心から聞いてくれていたように思います。でも、私がどんなに頑張って子どもたちの前に立っても、たとえ日本中の子どもたちの前に立てたとしても、私から得た「知識」、私とのコミュニケーションを通して身につく「生きる力」は微々たるものです。

私は「結婚前にセックスするなんてとんでもない」とは言えません。でもこの言葉を待っている、必要としている子どもたちもいます。「命の大切さ」を上手に教えられる人は、ぜひ子どもたちに語ってあげてください。「避妊用のピル」に関する情報を必要としている子どももいます。岩室紳也は語れませんので、北村邦夫先生よろしくお願いします。

しかし、思春期や性の教育を取り巻く大人社会を見ていると、それぞれの主張をぶつけ合い、批判し合う姿はあっても、残念ながら大人たちこそが多様性を認められない存在かなと思えてなりません。

子どもたちの前で真剣に語る人たちを「褒める」。

子どもたちの前で真剣に語る人たちに「感謝する」。

子どもたちの前で真剣に語る多様な人たちを「認める」。

子どもたちの判断能力、理解力に不安があればどうすればよいのでしょうか。子どもたちと一緒に考えてあげる大人と子どもたちの関係性を再構築してください。子どもたちどうしで考えられる、話し合える関係性を再構築してあげてください。

そのために、家族で、学校で、地域でそれぞれが声を掛け合える関係性の再構築を、「思春期」というテーマでやってみませんか。「性」は苦手という方も、自分の得意分野で若者たちとの関係性の再構築を心掛けてみてください。

まず第一歩として「あなたに伝えたい私の10の失敗談」をリストアップしてみてください。子どもたちは自分たちに関心を持ってくれる、自分たちを愛してくれる大人を求めています。きっとあなたの声を聞くのを楽しみにしていると思います。

●資料のダウンロードと質問について

本章で紹介させていただいた内容は私自身が講演会で大人の方々に、そして若者たちに話すことです。とくに大人たちに話す際には、レジメなどを作成せずにパワーポイントを使ってしゃべりますので、後で話の内容を振り返っていただけるよう、使用したパワーポイントはすべて私のホームページで公開しています。

http://iwamuro.jp/（次のアドレスにジャンプします）

http://homepage2.nifty.com/iwamuro/

若者向けの内容や本書で紹介したデータの最新版を含め、すべて無料でダウンロードできますので活用していただければ幸いです。

ご質問、ご意見をぜひ私に送ってください。ホームページからメールを送れるようにしてあります。24時間以内に必ず返事をさせていただきます。

あとがき

52歳になったいまも、中学生だった時のことを鮮明に覚えています。

中学生や高校生の頃に50代の大人を見て「おじさん」「おばさん」と思っていた歳に自分がなっています。しかし、自分の意識のなかでは「おじさんではない」と思いたがっています。人の感性は変われないようです。

私が、それなりに、大きく道を外すことなくここまで来られたのは、やはり多くの方とのつながりがあったからだと、思春期の問題に取り組むなかで思い起こさせていただきました。すでに亡くなってしまった両親はもちろんのこと、多くの方々の支えがあったからこそ、多くの方とのつながりを実感できていたからこそ、偉そうな言い方ですが「生きる力」が少しは身についていたと思います。

「結婚っていい？」と子どもたちに聞かれたら間髪入れず、自信を持って「すばらしいよ」と言います。妻の享子と一緒に生きていること、共に生きていられること、感動を分かち合えること、唯一人の、心から叱ってくれる存在でいてくれることに感謝する毎日です。

自分自身が人とつながっていることが素敵だと心から思えるからこそ、誰かと生きているその瞬間をありがたく感じられるからこそ、その思いをまた多くの子どもたちに感じてもらいたいと思います。

この本のなかで紹介させていただいた、そして紹介できなかった多くの方がいらしたからこそ、今の、岩室紳也の性の教育があります。そして、前著『エイズ―いま、何を、どう伝えるか―』に引き続き、辛抱強く待ちながら、多くの方とつながるチャンスを与えてくださった大修館書店の加藤順さんに、そして読んでくださった皆様に感謝です。

［著者紹介］

岩室紳也（いわむろ　しんや）

1955年生まれ。

1981年自治医科大学卒業。神奈川県秦野保健所、神奈川県立（後に厚木市立）厚木病院泌尿器科医長などを経て、2003年より㈳地域医療振興協会ヘルスプロモーション研究センター長、現在に至る。

［主な著書］

『エイズ―いま、何を、どう伝えるか―』（大修館書店、1996年、単著）

『いいじゃない　いいんだよ』（講談社、2005年、共著）

『総合思春期学』（治療と診断社、2001年、共著）

『思春期の性と心と向き合おう』（日本家族計画協会、2003年、単著）

思《し》春《しゅん》期《き》の性《せい》――いま、何《なに》を、どう伝《つた》えるか

NDC374/x, 252p/19cm

初版第一刷発行――二〇〇八年五月三〇日
　　第二刷発行――二〇一一年九月一日

著　者――岩室紳也《いわむろしんや》
発行者――鈴木一行
発行所――株式会社　大修館書店
〒113-8541 東京都文京区湯島二-一-一
電話 03-3868-2651（販売部）
03-3868-2297（編集部）
振替 00190-7-40504
［出版情報］http://www.taishukan.co.jp

編集協力――錦栄書房
装丁者――平　昌司
印　刷――広研印刷
製　本――ブロケード

ISBN978-4-469-26660-3　Printed in Japan